Stein

Objektorientierte Programmierung mit MATLAB

AF854426

Bleiben Sie auf dem Laufenden!

Hanser Newsletter informieren Sie regelmäßig über neue Bücher und Termine aus den verschiedenen Bereichen der Technik. Profitieren Sie auch von Gewinnspielen und exklusiven Leseproben. Gleich anmelden unter

www.hanser-fachbuch.de/newsletter

Ulrich Stein

Objektorientierte Programmierung mit MATLAB

Klassen, Vererbung, Polymorphie

Mit 57 Bildern, 31 Aufgaben und zahlreichen Listings

Fachbuchverlag Leipzig
im Carl Hanser Verlag

Prof. Dr. rer. nat. Ulrich Stein
Hochschule für Angewandte Wissenschaften Hamburg, Department Maschinenbau und Produktion

MIX
Papier aus verantwortungsvollen Quellen
FSC
www.fsc.org
FSC® C014889

Trademarks

MATLAB* and Simulink* are registered trademarks of The MathWorks, Inc.
For MATLAB* and Simulink* product information, please contact:

The MathWorks, Inc.
3 Apple Hill Drive
Natick, MA, 01760-2098 USA
Tel.: 508-647-7000
Fax: 508-647-7001
E-Mail: info@mathworks.com
Web: www.mathworks.com

Bibliografische Information der Deutschen Nationalbibliothek
Die Deutsche Nationalbibliothek verzeichnet diese Publikation in der Deutschen Nationalbibliografie; detaillierte bibliografische Daten sind im Internet über http://dnb.d-nb.de abrufbar.

ISBN: 978-3-446-44298-6
E-Book-ISBN: 978-3-446-44536-9

Dieses Werk ist urheberrechtlich geschützt.
Alle Rechte, auch die der Übersetzung, des Nachdruckes und der Vervielfältigung des Buches, oder Teilen daraus, vorbehalten. Kein Teil des Werkes darf ohne schriftliche Genehmigung des Verlages in irgendeiner Form (Fotokopie, Mikrofilm oder ein anderes Verfahren), auch nicht für Zwecke der Unterrichtsgestaltung – mit Ausnahme der in den §§ 53, 54 URG genannten Sonderfälle –, reproduziert oder unter Verwendung elektronischer Systeme verarbeitet, vervielfältigt oder verbreitet werden.

© 2016 Carl Hanser Verlag München
Internet: http://www.hanser-fachbuch.de

Lektorat: Franziska Jacob, M.A.
Herstellung: Dipl.-Ing. (FH) Franziska Kaufmann
Coverconcept: Marc Müller-Bremer, www.rebranding.de, München
Coverrealisierung: Stephan Rönigk
Satz: Kösel Media GmbH, Krugzell
Druck und Bindung: Pustet, Regensburg
Printed in Germany

Vorwort

Zugegeben, es hat eine Weile gedauert, bis ich die Möglichkeiten der Objektorientierung in MATLAB® schätzen lernte. Im Jahr 2007 schrieb ich ein Lehrbuch, das sich mit dem „Programmieren mit MATLAB“ beschäftigt. Damals standen wir am Fachbereich Maschinenbau und Produktion der HAW Hamburg vor einem Problem: Unsere Studenten waren nicht recht zu motivieren, eine Programmiersprache zu erlernen. Wir „zwangen“ sie, sich längere Zeit mit Compiler, Linker und unverständlichen Fehlermeldungen herumzuquälen, um am Schluss als Ergebnis die Zahl 42 auf dem Bildschirm zu sehen. Ingenieure kommen inzwischen immer weniger mit Programmiersprachen wie C++ in Kontakt, ob in der Industrie oder im weiteren Verlauf des Studiums. Anders liegt die Situation beim Programm MATLAB. Dessen Funktionalität wird bei uns intensiv genutzt, beispielsweise zum Lösen von Differentialgleichungen oder zum Ansteuern von Robotern. Und besonders die grafischen Möglichkeiten von MATLAB fördern das Verständnis für viele technische Anwendungen. Deshalb habe ich damals, zusammen mit Kollegen, unser Bachelor-Modul „Angewandte Informatik“ auf die in MATLAB integrierte Programmiersprache umgestellt. Aus dem Skript zu dieser Vorlesung entstand das oben erwähnte Lehrbuch.

An die objektorientierte Programmierung (OOP) dachte ich dabei nur am Rande. Zwar hatte MATLAB auch damals bereits eingeschränkte OOP-Funktionalität, die ich in meinem Buch beschrieb. Die Vorgehensweise war jedoch noch sehr umständlich. Der große Schritt kam im Jahr 2008 mit der Einführung der *classdef*-Datei, die ähnlich wie in anderen OOP-Sprachen die Struktur einer Klasse festlegt. Durch die Definition von Handle-Klassen erhielt MATLAB außerdem eine Art von Referenzen.

Trotzdem, eine Zeit lang blieb ich noch skeptisch, ob man mit MATLAB wirklich vernünftig objektorientiert programmieren kann. Im Vergleich zu anderen OOP-Sprachen fehlten doch ein paar Dinge, beispielsweise die Möglichkeit, mehrere Methoden mit demselben Namen, aber unterschiedlicher Signatur zu deklarieren. Dies ist in MATLAB nicht vorgesehen. Aber hierfür – und auch für andere fehlende Bereiche – kann man sich recht einfach einen vernünftigen Workaround bauen.

Je länger ich mich mit der OOP-Funktionalität in MATLAB beschäftigte, desto mehr hat sie mich überzeugt. Und ich hoffe, dass ich auch Sie in diesem Buch dafür begeistern kann.

Nun zu Ihnen: Was erwarte ich von meinem Leser?

Idealerweise sollten Sie bereits ein wenig programmiert haben, nicht notwendigerweise in MATLAB. Zwar stelle ich Ihnen in diesem Buch, in den Kapiteln 1 und 2, die Oberfläche und die wichtigsten Sprachelemente von MATLAB vor – soweit es zum Verständnis der folgenden Abschnitte notwendig ist. Das ist jedoch nur eine knappe Zusammenfassung, eher gedacht für Umsteiger von anderen Programmiersprachen wie C++. Einem absoluten

Anfänger würde ich als Einstieg eher mein Buch „Programmieren mit MATLAB“ empfehlen – ein Lehrbuch, in dem Sie auch viele Beispiele und Übungen finden.

Doch zurück zum jetzigen Buch: Kapitel 3 beschreibt den objektorientierten Ansatz von MATLAB. Hier werden die zentralen Begriffe eingeführt, wie Klassen, Eigenschaften, Methoden, Datenkapselung, Vererbung, Polymorphie, Handle-Klassen etc.

In Kapitel 4 finden Sie längere Anwendungen aus der Physik und dem Maschinenbau. Dies soll den Umgang mit dem Erlernten vertiefen und weitere Tipps für ein strukturiertes Vorgehen geben.

Zum Abschluss liefert Kapitel 5 eine Befehlsreferenz und den Vergleich mit anderen OOP-Sprachen.

Dieses Buch ist aber kein Referenz-Handbuch für MATLAB. Die MATLAB-Funktionen werden oft nur so weit vorgestellt, wie es für die aktuelle Aufgabenstellung nötig ist. Für eine vollständige Definition der Funktionen sei auf die MATLAB-Hilfe verwiesen.

Die Idee, ein zweites Buch zu MATLAB zu schreiben, entstand während einer Unterredung mit Frau Franziska Jacob, M. A., meiner Ansprechpartnerin beim Fachbuchverlag Leipzig im Carl Hanser Verlag. Vielen Dank für ihr Engagement, mit dem sie das Projekt im Verlag durchsetzte. Dank auch an Frau Dipl.-Ing. (FH) Franziska Kaufmann, die mir beim Layout zur Seite stand. Dank an alle Kollegen, die mich zu diesem Projekt ermutigten und mir hilfreiche Tipps gaben, speziell Prof. Dr. rer. nat. Ivo Nowak, Prof. Dr. rer. nat. Thorsten Struckmann und Prof. Dr.-Ing. Jürgen Dankert. Und einen besonderen Dank an Elfriede Neubauer, die mir bei der stilistischen Überarbeitung eine große Hilfe war.

Die im Buch beschriebenen und abgebildeten Abläufe beziehen sich auf die Bedienoberfläche der Version MATLAB 2015a. Andere MATLAB-Versionen präsentieren sich dem Anwender zum Teil mit einer leicht abgewandelten Oberfläche. Lassen Sie sich deshalb nicht verwirren. Die vorgestellten Programme wurden mit verschiedenen Versionen getestet. Erweiterungen und die Lösungen der Aufgaben finden Sie auf meiner Homepage

www.Stein-Ulrich.de/Matlab/

Ich wünsche den Lesern, dass Ihnen das Programmieren auch Spaß macht und dass Ihnen möglichst viel vom hier präsentierten Stoff bei Problemlösungen nützt. Und nicht verdrängen oder vergessen: Informatik kann auch Schaden anrichten. Deshalb sollte jeder, der programmiert, sich überlegen, ob er sein Tun verantworten kann und will.

Hamburg, im August 2015

Ulrich Stein

Inhalt

1 Einführung

Hier im ersten Kapitel erwartet Sie ein kleiner Schnupperkurs zu Objekten und zu MATLAB – als Einstimmung in das Thema und zur Abklärung einiger Begriffe. Eine systematische und eingehendere Behandlung folgt erst später in den weiteren Kapiteln des Buches.

1.1 Warum objektorientiert?

Objektorientierte Programmierung, abgekürzt **OOP**, gibt es schon recht lange. Bereits Ende der 1960er-Jahre entstand mit Simula-67 die erste bekannte objektorientierte Programmiersprache. Später kamen weitere Sprachen hinzu, die die objektorientierten Prinzipien ausbauten, Sprachen wie Smalltalk, Lisp und Ada. Den großen Durchbruch schaffte OOP aber erst in den 1990er-Jahren. Viele Programmiersprachen unterstützen inzwischen sowohl OOP als auch die prozedurale Programmierung.

Die am häufigsten verwendete OOP-Sprache ist aktuell C++, zusammen mit Java und C++-Ablegern wie C#. Entwickelt wurde C++ von Bjarne Stroustrup ab Ende der 1970er-Jahre, als Erweiterung der Sprache C, die Dennis Ritchie kurz zuvor präsentiert hatte. Stroustrup integrierte in C++ zentrale Mechanismen der Sprache Simula-67.

Mit dem Release von 2008 hat MATLAB seinen vorher etwas holprigen OOP-Ansatz überarbeitet und bietet nun ebenfalls interessante Möglichkeiten, objektorientiert zu programmieren.

Bei den vielen, unterschiedlichen OOP-Sprachen bleibt es nicht aus, dass die Konzepte und vor allem die verwendeten Bezeichner voneinander abweichen. In den deutschen Versionen der Sprachen kommt noch hinzu, dass für gleiche Begriffe zum Teil unterschiedliche Übersetzungen gewählt wurden. Ich werde mich hier in der Wortwahl meist an die deutsche Übersetzung von Stroustrups C++-Buch halten – weil einerseits die MATLAB-Hilfe nur die englischen Bezeichner kennt, und es mir andererseits wichtig erscheint, den OOP-Neuling nicht durch eine Vielzahl von abweichenden, deutschen Bezeichnungen zu verwirren.

Soweit die Vorgeschichte – aber was ist denn nun eigentlich „objektorientiert"?

Bjarne Stroustrup bringt in seinem hervorragenden Buch „Einführung in die Programmierung mit C++" die folgenden Definitionen:

„Programmieren ist die Kunst, Lösungen für Probleme so zu formulieren, dass ein Computer diese Lösungen ausführen kann."

Und: OOP ist „Programmierung mit Vererbung, Laufzeitpolymorphie und Kapselung".

Alles klar? Und wie man das in MATLAB macht, wissen Sie auch bereits?

Dann müssen Sie dieses Buch gar nicht lesen. Denn um diese Begriffe geht es hier. Und darum, wie man mit Hilfe der OOP Software-Projekte strukturiert anlegt, größere Datenmengen zusammen mit den Berechnungen vernünftig verwaltet oder Informationen zur weiteren Verwendung in verketteten Listen ablegt.

Und noch eine Warnung vorweg: Dieses Buch ist nicht für den absoluten Anfänger gedacht. Ich gehe davon aus, dass Sie bereits ein wenig Kontakt mit MATLAB gehabt haben oder zumindest etwas Erfahrung im Programmieren mit einer beliebigen sonstigen Programmiersprache mitbringen.

Doch zurück zur Frage der Überschrift: Warum objektorientiert?

Welche Vorteile bringt OOP? Auf diese Frage kommt meist die Standardantwort: OOP macht es einfacher, einmal geschriebenen Programm-Code für ein anders geartetes Projekt weiterzuentwickeln und wiederzuverwenden.

Das klingt sehr technisch und ist sicher nur für einen Teil der Programmierer das Wichtigste. Mich fasziniert an der OOP eher die neue Sichtweise, manche sagen „das andere Paradigma":

Hier geht es um Objekte, das Abbilden von realen Gegenständen im Computer. Objekte mit speziellen Eigenschaften und Zuständen. Um die Kontrolle über diese Eigenschaften. Und es geht um die Kommunikation der Objekte miteinander, wie wir es als Wechselwirkungen im Alltag erleben. Um die Entwicklung von Schnittstellen zu den Objekten. Und um die Trennung zwischen Schnittstelle und Implementierung, welche es ermöglicht, einzelne Programmbausteine für eine Weiterentwicklung abzuändern, ohne die Bereiche antasten zu müssen, die diese Funktionalität aufrufen.

Durch diesen Ansatz wird es leichter, Ideen im Programm-Code zu repräsentieren, Abläufe zu entwickeln und den Code verständlicher zu machen. Viel leichter als in der herkömmlichen Programmierung, welche in erster Linie Daten verarbeitet – Daten, die nur eine Menge von Zahlen oder Texten sind, ohne weiteren Zusammenhang.

Auf den folgenden Seiten möchte ich versuchen, auch Sie für diese andere Sichtweise zu begeistern. Es wird allerdings etwas dauern. Sie sollten dieses Buch nicht einfach nur durchlesen. Sie müssen die Beispiele nachprogrammieren, um zum Erfolg zu kommen.

> **!** Um die syntaktische Nähe zur Programmiersprache C bzw. C++ hervorzuheben, finden sich in den Programmbeispielen dieses Buches oft zusätzliche Klammern und Semikolons, die in MATLAB nicht zwingend notwendig sind, den Programm-Code aber „C-ähnlicher" machen.

Weitere Informationen zu MATLAB finden Sie im Internet auf den Seiten von „The MathWorks, Inc.":

http://www.mathworks.com/

http://www.mathworks.de/

und speziell auf der Seite von Cleve Moler:

http://www.mathworks.com/moler/

1.2 Erstes Objekt: Auto

Objekte beschreiben (normalerweise) Dinge aus der realen Welt. Dinge, die wir durch Datenstrukturen im Computer repräsentieren werden. Diese Objekte haben eine gewisse „Intelligenz". Sie besitzen Eigenschaften und haben Fähigkeiten.

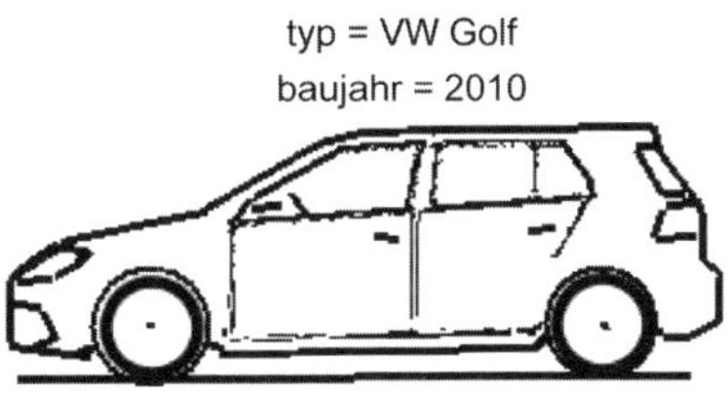

Bild 1.1 Objekt *VW Golf*

Betrachten wir ein reales Objekt, sagen wir ein Auto, beispielsweise einen VW Golf. Um dieses Objekt zu identifizieren, um es eindeutig wiederzufinden, geben wir ihm als Bezeichnung einen Namen. Nein, nicht „Schnuffel" oder etwas Ähnliches – das wäre nicht eindeutig genug –, wir nehmen sein Kennzeichen, zum Beispiel „HH_BT_21":

```
>> HH_BT_21 = Auto( 'VW_Golf', 2010 );
```

Unser Auto-Objekt *HH_BT_21* wurde durch den obigen Aufruf im Speicher des Rechners angelegt. Es hat gewisse Eigenschaften, die es mit anderen Autos teilt oder in denen es sich von ihnen unterscheidet. Da wäre der Fahrzeugtyp „VW Golf". Diese Eigenschaft sollte sich im Laufe des Autolebens nicht ändern. Das gilt auch für das Baujahr, hier 2010.

Daneben gibt es weitere, konkrete Eigenschaften, die vom aktuellen Zustand des Autos abhängen. Beschrieben durch einen Satz von Variablen, deren Werte mit der Zeit variieren, zum Beispiel der Kilometerstand, die aktuelle Geschwindigkeit, die Tankfüllung.

Diese Daten, die **Eigenschaften** (auf Englisch *properties*), legen den **Zustand** des Autos fest:

```
properties
  typ = 'VW_Golf';
  baujahr = 2010;
  kilometer = 50000;          % km
  geschwindigkeit = 100;      % km/h
  benzin = 20;                % Liter im Tank
end
```

Die aktuellen Eigenschaften unseres Autos, zum Beispiel die Geschwindigkeit, kann man sich vom Auto-Objekt *HH_BT_21* mit Hilfe des Punktoperators (`HH_BT_21.`) holen und mit der MATLAB-Funktion *disp* (Display) ausgeben:

```
>> disp( HH_BT_21.geschwindigkeit );
   100
```

Nach dieser Abfrage erscheint auf dem Bildschirm die Zahl 100, also 100 km/h. Analog können Sie sich auch Überblick über die anderen Eigenschaften verschaffen. Im realen Auto macht dies ein Blick auf die Anzeige im Armaturenbrett.

Ein Auto, das sich selbst überlassen bleibt, ist, zumindest für den heutigen Straßenverkehr, nicht sinnvoll. Es muss mit anderen Objekten kooperieren, primär mit dem Fahrer, der zum Beispiel das Gaspedal tritt, um das Auto zu beschleunigen. Die Fähigkeit zu beschleunigen wirkt als Operation, die das Auto dann ausführt, wenn es eine spezielle „Nachricht" erhält - das Durchtreten des Gaspedals.

In der Nomenklatur der objektorientierten Programmierung bezeichnet man eine solche Fähigkeit als **Methode** (auf Englisch *method*). Die Methode *beschleunigen* hat den Effekt, dass sich die Geschwindigkeit unseres Objekts um einen gewissen Wert erhöht, hier spezifiziert durch den formalen Parameter *wie_viel*:

```
methods
  function obj = beschleunigen( obj, wie_viel )
    neueGeschwindigkeit = obj.geschwindigkeit + wie_viel;
    obj.geschwindigkeit = neueGeschwindigkeit;
  end
end
```

Dieser Wert der Beschleunigung wird der Methode beim Aufruf als explizite Zahl übergeben. Machen wir das Auto-Objekt mit dem Namen *HH_BT_21* um den Wert 30 schneller, also um 30 km/h:

```
>> HH_BT_21 = beschleunigen( HH_BT_21, 30 );
```

MATLAB erlaubt für diesen Aufruf noch eine zweite Version, die wie bei der Abfrage der Eigenschaften den **Punktoperator** verwendet:

```
>> HH_BT_21 = HH_BT_21.beschleunigen( 30 );
```

In beiden Fällen sollte sich die Geschwindigkeit erhöht haben. Der Zustand des Autos hat sich verändert. Wichtig ist, dass Sie nach dem Aufruf der Methode das veränderte Objekt *obj* wieder dem Auto-Objekt *HH_BT_21* zuweisen, also `HH_BT_21 = ...`

Lassen wir uns den aktuellen Wert ausgeben:

```
>> disp( HH_BT_21.geschwindigkeit );
   130
```

Auf dem Bildschirm erscheint jetzt die Zahl 130, also 30 km/h schneller als vorher.

Da wir gerade bei den Methoden sind - eine Methode, die gleich zu Beginn eine Rolle spielte, habe ich Ihnen bisher verschwiegen. Mit dem Aufruf

```
>> HH_BT_21 = Auto( 'VW_Golf', 2010 );
```

wurde ein Auto-Objekt vom Typ VW_Golf und dem Baujahr 2010 erzeugt. Der Fähigkeit zur Erzeugung von Objekten liegt eine besondere Methode zu Grunde, der **Konstruktor**.

In unserem Fall könnte diese Konstruktor-Methode wie folgt implementiert sein:

```
methods
  function obj = Auto( typ, baujahr )
    obj.typ = typ;                  % übergebene Daten
    obj.baujahr = baujahr;
    obj.kilometer = 0;              % 0 km, initialisiert
    obj.geschwindigkeit = 0;        % 0 km/h
    obj.benzin = 40;                % 40 Liter im Tank
  end
end
```

Der Konstruktor erzeugt das Auto-Objekt. Und beim Aufruf `Auto( 'VW_Golf', 2010 )` werden ihm die Werte für die Eigenschaften *typ* und *baujahr* explizit mitgeteilt. Mit Hilfe der Zuweisungen `obj.typ = typ;` bzw. `obj.baujahr = baujahr;` übergibt der Konstruktor diese Daten dann an das von ihm erzeugte Objekt *obj*.

Die restlichen Eigenschaften haben wir selbständig auf feste Werte gesetzt, also *kilometer* und *geschwindigkeit* auf null, und der Tank wurde uns netterweise mit 40 Liter *benzin* gefüllt. Eine solche Vorgabe der Eigenschaften mit expliziten Werten nennt man **Initialisierung**.

Fahren wir mit dem Auto eine Weile durch die Gegend. Irgendwann wird sich die Tankfüllung dem Ende zuneigen. Im Armaturenbrett sollte dann eine Warnleuchte blinken. Auch dieses **Ereignis** (auf Englisch *event*) lässt sich in MATLAB nachbauen. Der Fahrer muss natürlich auf das Signal achten, im übertragenen Sinn darauf hören, ein *listener* sein, wie die englische Bezeichnung lautet.

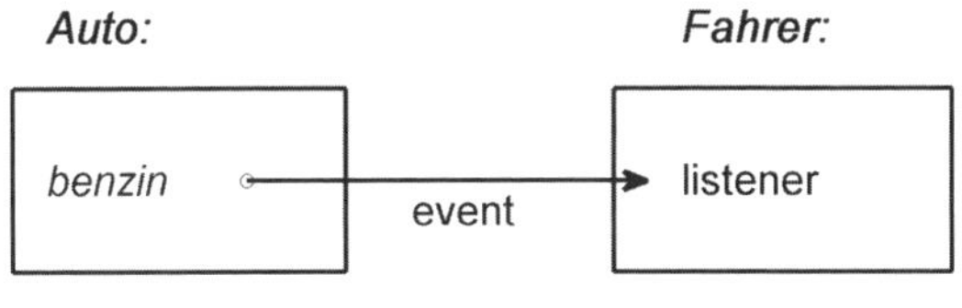

Bild 1.2 Ereignis (*event*) als Nachricht an den „*listener*"

Es gibt auf der Straße aber nicht nur den einen VW Golf. Erzeugen wir ein zweites Auto:

```
>> HH_EN_100 = Auto( 'Mazda_MX5', 2009 );
```

Wieder werden im Speicher des Computers die Daten für das weitere Auto-Objekt abgelegt, diesmal unter dem Namen *HH_EN_100*. Dieses Auto hat andere Eigenschaften, zum Beispiel einen anderen Typ als das vorherige mit dem Namen *HH_BT_21*. In der Grundstruktur sind sich beide Objekte jedoch ähnlich. Unter anderem sollte jedes Auto seine

Geschwindigkeit erhöhen, wenn das Gaspedal gedrückt wird und das Objekt auf diese Nachricht mit der Methode *beschleunigen* reagiert.

Solch gleichartige Objekte fasst man in der objektorientierten Programmierung in **Klassen** zusammen (auf Englisch *class*). Beide Fahrzeuge, *HH_BT_21* und *HH_EN_100*, sind Exemplare (auf Englisch *instances*) derselben Klasse *Auto*. Wenn auch der Zustand der jeweiligen Autos anders ist, ihre Eigenschaften unterschiedliche Werte haben, so sind sie doch Objekte vom selben Datentyp, der Klasse *Auto*. Das heißt, sie verfügen über die gleichen Methoden und haben die gleichen Variablen zur Beschreibung der Eigenschaften, wie zum Beispiel *geschwindigkeit* oder *kilometer*.

Die Definition der Klasse *Auto* lautet in MATLAB:

Listing 1.1 class *Auto*

```
% Definition der Klasse Auto im M-File Auto.m
classdef Auto
  % Eigenschaften:
  properties
    typ = '';
    baujahr = 0;
    kilometer = 0;
    geschwindigkeit = 0;
    benzin = 0;
  end  % properties
  % Methoden:
  methods
    % Konstruktor
    function obj = Auto( typ, baujahr )
      obj.typ = typ;
      obj.baujahr = baujahr;
      obj.kilometer = 0;          % 0 km
      obj.geschwindigkeit = 0;    % 0 km/h
      obj.benzin = 40;            % 40 Liter im Tank
    end
    % Methode beschleunigen
    function obj = beschleunigen( obj, wie_viel )
      neueGeschwindigkeit = obj.geschwindigkeit + wie_viel;
      obj.geschwindigkeit = neueGeschwindigkeit;
    end
  end  % methods
end
```

Wenn Sie diesen Programm-Code im aktuellen Verzeichnis von MATLAB in der Datei „Auto.m" abspeichern, können Sie im Command-Window von MATLAB die Klasse testen:

```
>> HH_BT_21 = Auto( 'VW_Golf', 2010 );
>> HH_BT_21 = HH_BT_21.beschleunigen( 40 );
>> disp( HH_BT_21.geschwindigkeit );
    40
>> HH_EN_100 = Auto( 'Mazda_MX5', 2009 );
>> disp( HH_EN_100.typ )
    Mazda_MX5
```

Jetzt aber erst mal Stopp. Dies sollte nur ein Appetithappen sein, zur Einführung in OOP. Und den Lesern, die wenig Erfahrung mit MATLAB und objektorientierten Sprachen haben, wird der Kopf schon rauchen. Aber keine Angst, auch wenn einiges noch unverständlich war - das Ganze wird Ihnen in den folgenden Kapiteln in aller Ausführlichkeit erklärt.

1.3 MATLAB

MATLAB ist ein weites Feld und bietet eine Unzahl von Möglichkeiten. In diesem Buch gehe ich davon aus, dass Sie bereits ein wenig Kontakt mit MATLAB gehabt haben. Zur Auffrischung Ihres Wissens dient dieser Abschnitt, der kurz die wichtigsten Grundlagen zusammenstellt.

Nach dem Starten von MATLAB erscheint der MATLAB-Desktop, der in mehrere Fenster aufgeteilt ist. Im rechten Fenster, dem **Command Window**, können Sie hinter dem Prompt, „>>“, einzelne MATLAB-Befehle eintippen. Im linken Fenster mit dem Titel „Current Folder“ haben Sie Zugriff auf alle Dateien im aktuellen Verzeichnis. Darunter, zu dem Reiter „Workspace“, sehen Sie alle Variablen, die Sie bisher angelegt haben. Die „Command History“ erreichen Sie über die Taste „Cursor nach oben“. In dieser Liste können Sie vorher ausgeführte Befehle auswählen, um sie zu wiederholen.

Bild 1.3 MATLAB-Desktop

Ihr Arbeitsverzeichnis wird oben neben der Icon-Leiste angezeigt. Weiter rechts liegen die Elemente zum Wechseln des Verzeichnisses. Sie können den MATLAB-Desktop beliebig anpassen. Der Menü-Befehl „Desktop + Desktop Layout + Default“ stellt Ihnen bei Bedarf die Originalkonfiguration wieder her. Links unten, über den Schaltknopf „Start“, haben Sie Zugriff auf andere Module und die **Toolboxen**™, die für Ihr System verfügbar sind.

Das Command-Window dient zum Ausführen von Befehlen bzw. selbst geschriebenen Funktionen, deren Definition im aktuellen Verzeichnis als M-File vorliegen sollte – oder Sie haben zusätzliche Suchpfade definiert. Das Kommando, das Sie ausführen wollen, geben Sie hinter dem Prompt „>>“ (der Eingabeaufforderung) ein, zum Beispiel:

```
>> x = 1+1
```

Nach dem Drücken der Eingabetaste (Return/Enter-Taste) antwortet MATLAB:

```
x = 2
>>
```

Durch diesen Befehl wird im Workspace eine Variable mit dem Namen *x* angelegt und ihr der Wert 2 zugewiesen.

In MATLAB müssen Sie bei einer Variablendefinition den **Datentyp** nicht notwendigerweise explizit angeben. Wenn Sie ihn nicht weiter spezifizieren, wählt MATLAB für Zahlen automatisch den Typ *double* (reelle Zahl in doppelter Genauigkeit) und für Texte den Typ *char*.

Weitere Datentypen sind zum Beispiel *int32* für ganze Zahlen (32 Bit), *uint8* für kleine ganze Zahlen ohne Vorzeichen (unsigned, 8 Bit) oder *logical* für die Wahrheitswerte.

Der folgende Befehl legt eine Variable *y* vom Typ *int32* an, mit dem Wert 5:

```
>> y = int32( 5 );
```

Den Datentyp einer Variablen können Sie mit dem Befehl *whos* auslesen:

```
>> whos y
  Name      Size      Bytes  Class
  y         1x1           4  int32 array
```

y ist in unserem Fall vom Typ *int32*, genauer gesagt ein 1x1-Array vom Typ *int32*. Die Standardtypen von MATLAB sind nicht einzelne Zahlen, sondern Matrizen, also zweidimensionale **Felder** (Arrays) mit einer gewissen Anzahl von Zeilen und Spalten.

Ein Feld mit mehr als einer Zelle erzeugen Sie durch die Angabe einer Wertliste, die zwischen eckigen Klammern [...] steht. Die einzelnen Zeilen des Feldes werden durch jeweils ein Semikolon [`Zeile1; Zeile2; ...`] getrennt. Die Daten innerhalb einer Zeile (die Spalten) werden durch Kommas oder Leerzeichen getrennt.

Die folgende Anweisung legt einen Spaltenvektor an (3 Zeilen, 1 Spalte):

```
>> a = [ 3; 2; 1 ];
```

Den entsprechenden Zeilenvektor (1 Zeile und 3 Spalten) erhält man durch:

```
>> b = [ 3, 2, 1 ];
```

Die Definition einer zweidimensionalen Matrix enthält sowohl Spalten- als auch Zeilentrenner, beispielsweise das Feld *c* mit zwei Zeilen und zwei Spalten:

```
>> c = [ 1 2; 3 4 ]
c =  1     2
     3     4
```

Text wird von MATLAB als Character-Array (Typ *char*) mit einer Zeile und *n* Spalten behandelt.

Sie können MATLAB wie einen Taschenrechner bedienen, mit den gewohnten mathematischen Symbolen und den runden Klammern:

```
>> y = (20+4*4) / 9
y = 4
```

In MATLAB sind Rechenoperationen, „+", „-", „*", „/" und die Potenzierung „^" auch für Matrizen definiert. Dies erfolgt analog den Regeln für Matrix-Operationen.

Möchte man anstelle der Matrix-Multiplikation nur die Komponenten der Matrizen miteinander multiplizieren, erreicht man dies, indem man vor den Multiplikationsoperator * einen Punkt setzt. Für die Matrix `e = c.*c` ist die Komponente e_{21} beispielsweise als das Quadrat der Komponente c_{21} definiert: $e_{21} = c_{21} * c_{21} = 3 * 3 = 9$:

```
>> e = c .* c
e =  1     4
     9    16
```

MATLAB kennt folgende **Zahlenformate**:

- ganze Dezimalzahlen mit oder ohne Vorzeichen: `1, -2, +30, -400`,
- Dezimalbrüche, mit einem Dezimalpunkt (nicht mit einem Komma!), mit oder ohne Vorzeichen (vor oder nach dem Punkt ist keine Zahl notwendig): `1.5`, `-2.0`, `+.25`, `-425.`,
- dezimale Gleitkommazahlen, wobei Mantisse und Exponent mittels des Buchstabens *e* (entspricht einem „10-hoch") verknüpft sind: `1.0e+3` bedeutet $1.0 * 10^{+3} = 1000$.

Imaginäre Zahlen schreibt man, wie üblich, mit einem (ohne Zwischenraum) angehängten *i*, das auch durch ein *j* ersetzt werden kann. Eine komplexe Zahl entsteht als Summe aus Real- und Imaginärteil:

```
>> c = 3 + 4i
c = 3.0000 + 4.0000i
```

Alternativ ist auch die Schreibweise mit dem Multiplikationspunkt erlaubt:

```
>> c = 3 + 4 * i
```

Texte (Strings, Character-Arrays) werden zwischen zwei einfache Hoch-Kommata gesetzt:

```
>> t = 'Das ist ein Text'
t = Das ist ein Text
```

Daneben gibt es Konstanten, die man über ihren Namen anspricht, zum Beispiel die Zahl *pi* = 3.14 … (eine Liste der Konstanten finden Sie in Kapitel 5).

MATLAB stellt eine Vielzahl von **Funktionen** zur Verfügung, die in den eigenen Programm-Code eingebaut werden können. Diese Funktionen sind in Bibliotheken organisiert, wie zum Beispiel mathematische Bibliotheken mit den Funktionen *sin*, *log* etc., Input/Output-Bibliotheken mit Funktionen zur Bildschirmausgabe etc., Grafikbibliotheken zum Zeichnen von 2- oder 3-dimensionalen Objekten.

Hilfe zu einer Funktion können Sie über *help* abrufen, zum Beispiel:

```
>> help sin
SIN Sine.
   SIN(X) is the sine of the elements of X.
```

Eine etwas umfangreichere Dokumentation erhalten Sie durch die *doc*-Funktion:

```
>> doc sin
```

Um alle definierten Variablen aus dem Speicher von MATLAB zu löschen, gibt es die Funktion *clear all*. Mit dem Befehl *clc* löschen Sie die Anzeigen im Command-Window und erhalten so ein aufgeräumtes Fenster.

1.4 Aufbau des Buches

Im nächsten Kapitel geht es endlich los mit dem Programmieren. Damit Sie bei der Vielfalt des Stoffes den Überblick nicht verlieren, verrate ich Ihnen jetzt schon ein wenig von dem, was Sie auf den folgenden Seiten erwartet.

Kapitel 1 haben Sie ja bereits hinter sich – falls Sie das Buch von Anfang an gelesen haben und nicht nur zufällig beim Blättern auf diese Seite gestoßen sind. Das erste Kapitel ist für den Einstieg gedacht, für einen ersten Kontakt mit MATLAB und dem Bereich der Objektorientierung. Dabei wurden einige Themen nur sehr oberflächlich behandelt. Systematisch geht es erst in den folgenden Kapiteln los.

Kapitel 2 dient als Überblick über die Elemente der Programmiersprache von MATLAB. Aufgabe dieses Buches soll es nicht sein, Sie in das allgemeine Programmieren mit MATLAB einzuführen. Dann wäre der Umfang des Buches explodiert. Es wird vorausgesetzt, dass Sie sich schon ein wenig mit MATLAB auskennen oder Programmiererfahrung in einer anderen Sprache haben, wie C++ oder Java. Für eine intensivere Beschäftigung mit dem Thema Programmieren verweise ich Sie auf mein Lehrbuch „Programmieren mit MATLAB“. Dort wird das Ganze viel ausführlicher erklärt und eingeübt.

Sie finden in Kapitel 2 deshalb nur wenige Programmbeispiele. Meist zeige ich den Ablauf an nur einer einzigen Anwendung. Das reicht natürlich nicht aus, wenn Sie noch nie programmiert haben.

Auch geht es in diesem Kapitel noch nicht direkt um das objektorientierte Programmieren. Es werden primär die Aspekte behandelt, die auch in anderen Programmiersprachen, wie in C++ oder Java, die Basis der Programmierung bilden. Dazu gehören die Eigenschaften von Variablen (Namen, Datentyp, Speicherbedarf), die zentralen Ablaufkonstrukte (Funktion, Verzweigung, Schleife), die Kommunikation mit der Außenwelt (Ein- und Ausgabe von Zahlen und Text, Grafikerstellung, Dateioperationen) und die erweiterten Datentypen (Feld, Struktur, String).

Zum objektorientierten Programmieren kommen wir dann in Kapitel 3. Hier geht es um die zentralen Begriffe, wie Klassen, Eigenschaften, Methoden, Datenkapselung, Vererbung, Polymorphie etc. Und auch um all das, was MATLAB noch an Spezialitäten bietet, wie Handle-Klassen, Ereignisse und die Klasse *MException* zur Fehlerbehandlung.

In Kapitel 4 werden wir unser Wissen in längeren Anwendungen vertiefen, in Beispielen für Klassen, wie sie typischerweise in technischen Problemstellungen auftreten. Wir werden eine Datenklasse erstellen, die u. a. Daten aus Excel einlesen und verarbeiten kann. Ein umfangreicherer Abschnitt befasst sich mit dem Thema Verkettete Listen und ihre Anwendung auf Grafik-Objekte. Als letztes Beispiel nehmen wir uns ein Arduino-Controller-Board vor, das über die USB-Schnittstelle mit unserem Rechner kommuniziert.

MATLAB enthält nicht alle OOP-Mechanismen, die in anderen OOP-Sprachen, wie C++, vorhanden sind. Für einige dieser Bereiche kann man sich jedoch mit wenig Aufwand Workarounds erstellen. Beispielsweise hilft der varargs-Mechanismus bei der Implementation eines Kopierkonstruktors. Auch dies ist ein Thema in Kapitel 4.

Zum Abschluss gibt Kapitel 5 als Befehlsreferenz einen Überblick zur OOP-Funktionalität in MATLAB. Hier finden Sie auch einen Vergleich mit anderen OOP-Sprachen.

2 Programmieren mit MATLAB

In Kapitel 1 diente uns MATLAB hauptsächlich als Taschenrechner, der einzelne Befehle verarbeitet. Jetzt, in Kapitel 2, wollen wir zeigen, wie man mit MATLAB programmiert – jedoch ohne die erweiterten Möglichkeiten der OOP. Zu Klassen und Objekten kommen wir erst in Kapitel 3.

Denn vorher müssen wir noch ein paar Dinge klären, zum Beispiel:

- Was sind Variablen und Daten?
- Wie schreibt man in MATLAB Funktionen?
- Was sind Kontrollstrukturen?
- Wie kommuniziert ein Programm mit der Außenwelt?
- Welche Grafik-Möglichkeiten bietet MATLAB?
- Was sind Handles?

2.1 Variablen, Daten, Typen

Variablen hatten wir bereits in Kapitel 1 kennengelernt, beispielsweise beim Aufruf:

```
>> x = int32( 5 );
```

Testen wir mit dem Befehl *whos*, welches Objekt dadurch erzeugt wurde:

```
>> whos x
  Name    Size    Bytes    Class
  x       1x1         4    int32 array
```

Es wurde eine Variable mit dem Namen *x* anlegt, vom Datentyp *int32* (ganze Zahl mit 32 Bits = 4 Bytes). Als Überschrift für den Datentyp verwendet MATLAB die Bezeichnung *Class*, was auf die Ähnlichkeit von MATLAB-Typen und benutzerdefinierten Klassen hinweist.

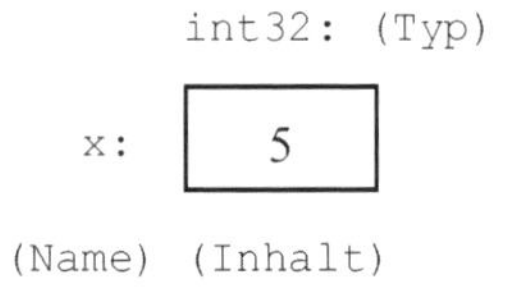

Bild 2.1 Variable *x*

Variablen sind Objekte, denen man einen Namen gegeben hat. Der Name einer Variablen beginnt in MATLAB immer mit einem Buchstaben. Dann können Ziffern und das „_"-Zeichen folgen. Zwischen Groß- und Kleinschreibung wird unterschieden. Bis zur Länge von 31 Zeichen sind die Namen eindeutig. Die Namen dürfen aber auch länger sein.

Dieser Name erlaubt den Zugriff auf die Objekte, um ihren Wert zu ändern oder um den Wert auszulesen - beispielsweise um ihn mit der Funktion *disp* auf dem Bildschirm auszugeben:

```
>> disp( x );
   5
```

Durch den Aufruf „`x = int32( 5 );`" wurde die Variable *x* auch bereits mit Daten belegt. Als **Initialisierung** bekam *x* gleich zu Beginn den Wert 5 zugewiesen. Dafür benötigen die Objekte im Rechner einen Speicherplatz, je nach Datentyp unterschiedlich groß. Bei *int32* sind dies 4 Bytes = 32 Bits. 1 Byte ist eine Gruppierung von 8 Bits. Wie die Bits, also die abgelegten Daten im Speicher, vom Programm interpretiert werden, hängt vom Typ des Objekts ab.

0000 0000	0000 0000	0000 0000	0000 0101

Bild 2.2 Bit-Folge (0 oder 1), 4 Bytes = 32 Bits

Die Zuordnung eines Namens und eines Datentyps zu einer Variablen bezeichnet man als **Deklaration** - als eine Vereinbarung, wie man den Inhalt der Variablen zu interpretieren hat. Wird bei einer Anweisung zusätzlich noch Speicherplatz belegt, nennt man dies **Definition**. Unsere Variable *x* wurde als Objekt vom Typ *int32* deklariert und durch die Zuweisung der Daten, der Zahl 5, auch gleichzeitig definiert.

In MATLAB verwendet man eine reine Deklaration für Variablen eher selten. Deklarationen sind normalerweise mit einer Definition verbunden. Eine Ausnahme bildet die *global*-Spezifikation, die darauf hinweist, dass diese Variable nicht eine lokale Variable der Funktion ist, sondern außerhalb definiert wurde und von dort beeinflusst werden kann. In der OOP wird die reine Deklaration bei den abstrakten Methoden eine wichtige Rolle spielen.

Objekte bezeichnet man auch als Exemplare oder **Instanzen** eines Typs (wobei der deutsche Begriff Instanz im täglichen Leben etwas anderes meint als das englische Wort *instance*).

In Abschnitt 1.2 hatten wir ein Objekt vom Typ *Auto* angelegt:

```
>> HH_BT_21 = Auto( 'VW_Golf', 2010 );
>> whos HH_BT_21
  Name        Size      Bytes  Class
  HH_BT_21    1x1         102  Auto
```

Hierbei bekam die Variable den Namen *HH_BT_21*. Bei der Initialisierung wurden dem Auto-Objekt nicht nur ein, sondern sogar zwei Werte zugewiesen. Während ein Ganzzahl-

Objekt vom Typ *int32* nur für eine einzige Zahl gedacht ist, kann ein beliebiges Objekt, je nach seinem internen Aufbau, auch eine größere Zahl von Daten enthalten. Diese Daten werden als seine Eigenschaften (*properties*) in den Objektvariablen abgespeichert.

Doch zu selbst definierten Klassen und deren Objekten kommen wir erst in Kapitel 3. In diesem Kapitel beschränken wir uns auf die Typen, die standardmäßig in MATLAB eingebaut sind, wie *double*, *int32*, *char* etc.

Sie müssen in MATLAB den Datentyp bei einer Variablendefinition nicht explizit angeben. Wenn Sie den Typ nicht spezifizieren, werden Zahlen automatisch als *double* behandelt:

```
>> y = 5;
>> whos y
  Name      Size      Bytes  Class
  y         1x1           8  double array
```

Texte erscheinen automatisch als *char*, genauer: als ein Feld von Zeichen, als ein Charakter-Array mit einer Zeile und mehreren Spalten, hier 1x5:

```
>> t = 'Willy';
>> whos t
  Name      Size      Bytes  Class
  t          1x5         10  char array
```

Dieser Typ-Automatismus beschränkt sich in MATLAB nicht nur auf die Definition von Variablen. Sie bekommen auch keinerlei Warnung, wenn Sie beispielsweise Text einer Variablen zuweisen, die eigentlich für Zahlen gedacht ist. MATLAB ist nicht **typsicher**. Typverletzungen werden nicht registriert, obwohl explizite Datentypen und deren Überprüfung die Programme sicherer machen. Ein Teil der Fehler würde dadurch automatisch erkannt werden.

Manchmal ist es notwendig, dass man Datenwerte in ein anderes Format umwandelt. Beispielsweise kann man zu einem Zeichen (vom Typ *char*) die ganze Zahl (vom Typ *int32*) bestimmen, mit der das Zeichen intern dargestellt wird, seinen sogenannten ASCII-Wert:

```
>> z = 'a';
>> whos z
  Name      Size      Bytes  Class
  z         1x1           2  char array
>> n = int32( z )
  n = 97
>> whos n
  Name      Size      Bytes  Class
  n         1x1           4  int32 array
```

Die int32-Anweisung erzeugt aus *z* die neue, ganzzahlige Variable *n*. Das Zeichen 'a', das in der Variablen *z* gespeichert ist, hat demnach den ASCII-Wert 97.

Typ-Umwandlungen bezeichnet man als Cast. MATLAB erzeugt einen Cast, wenn man den neuen Typ vor die Variable schreibt, beispielsweise „`int32(z)`“, analog der Definition von Variablen.

Wie bereits im ersten Kapitel erwähnt, sind die Standardtypen von MATLAB nicht einzelne Zahlen, sondern Matrizen, also zweidimensionale **Felder** (Arrays) mit einer gewissen Anzahl von Zeilen und Spalten. Eine Zelle des Arrays ist eindeutig durch die Angabe des Tupels „(Zeile,Spalte)" definiert, im Beispiel die `Zelle(2,3)` in der 2. Zeile und 3. Spalte:

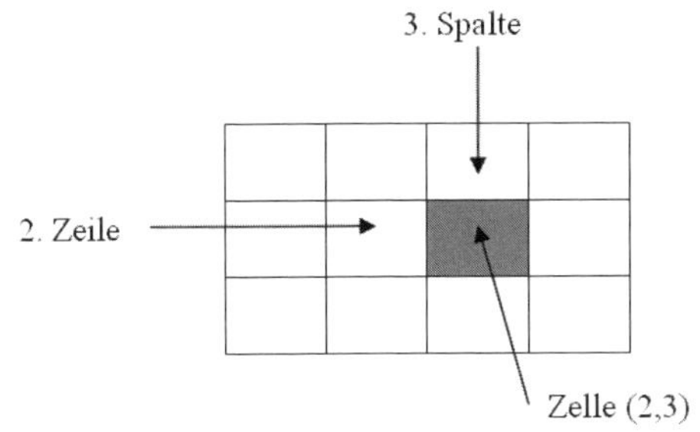

Bild 2.3 Zelle (2,3) einer 3x4-Matrix

Arrays kann man entweder durch eine Wertliste in eckigen Klammern erzeugen – beispielsweise legt die folgende Anweisung das Feld *c* an, mit zwei Zeilen und zwei Spalten:

```
>> c = [ 1 2; 3 4 ]
c =  1     2
     3     4
```

Oder man definiert explizit die Zellen des Arrays durch ihren Inhalt, beispielsweise:

```
>> a(1,1) = 0;
>> a(1,2) = 3;
>> a(1,3) = -1;
>> a
   a = 0  3  -1
```

Auf dieselbe Art kann man auf die Elemente eines Arrays zugreifen:

```
>> b = a(1,2)
b = 3
```

Um regelmäßig aufgebaute Arrays zu erzeugen, bietet MATLAB verschiedene Funktionen, etwa den *„:"-Operator*, mit dem man eindimensionale Felder definieren kann, beginnend mit einem *Startwert* im ersten Element und dann mit festem Abstand *Inkrement* bis zu einer Zahl, die kleiner oder gleich dem *Endwert* ist:

```
x = Startwert : Inkrement : Endwert;
```

Zum Beispiel für Zahlen zwischen 10 und 30 im Abstand von 5:

```
>> x = 10 : 5 : 30
x = 10  15  20  25  30
```

Eine ähnliche Funktionalität bietet die Funktion *linspace*, die ein Intervall in *n* Teile aufteilt, hier das Intervall von 5 bis 10 in *n* = 6 Teile:

```
>> y = linspace( 5, 10, 6 )
y =  5  6  7  8  9  10
```

Zur Analyse der Eigenschaften von Feldern stellt MATLAB eine Reihe von Funktionen zur Verfügung. Die Funktion *size* informiert über die Zahl der Zeilen und Spalten eines Arrays. Der Rückgabewert von *size* ist ein Feld mit der Zahl der Zeilen im ersten Element und der Zahl der Spalten im zweiten:

```
>> a = [1 0; 2 1; 3 4];
>> sz = size( a )
sz =  3  2
>> zeilen = sz(1)
zeilen = 3
>> spalten = sz(2)
spalten = 2
```

Bei eindimensionalen Feldern, also Zeilen- oder Spaltenvektoren, kann man die Länge auch über die Funktion *length* abfragen:

```
>> b = [1 2 3];
>> len = length( b )
len = 3
>> sz = size( b )
sz =  1  3
```

Es gibt noch weitere Funktionen zur Analyse von Feldern, zum Beispiel die Funktion *numel*, die auch für mehrdimensionale Felder die Gesamtzahl der Elemente liefert, oder die Funktion *nnz*, die für ein Feld die Zahl der Elemente bestimmt, die ungleich null sind.

Texte (Strings) werden von MATLAB als Character-Arrays mit einer Zeile und *n* Spalten behandelt. Für Strings gibt es spezielle Funktionen, wie *strcmp* zum Vergleich zweier Texte oder die Funktion *upper* zum Wandeln von Klein- in Großbuchstaben.

Sie können auch Arrays von Strings anlegen. Nur müssen Sie hierbei darauf achten, dass alle Texte in so einem Array exakt dieselbe Länge haben, was für die Praxis wenig brauchbar ist.

Um Felder zu erzeugen, die Elemente mit unterschiedlichen Typen aufnehmen können, zum Beispiel unterschiedlich lange Texte, gibt es den Datentyp **Cell-Array**. Cell-Arrays können Sie wie normale Arrays mittels einer Wertliste erzeugen. Nur müssen Sie dazu geschweifte Klammern verwenden, beispielweise `c = { 1, 'Willy', 2 }`. Auch zur Abfrage des Inhaltes einer Zelle brauchen Sie die geschweiften Klammern, zum Beispiel für das dritte Element `c{3}`. Bei der Verwendung von runden Klammern, wie `c(3)`, erhalten Sie den Wert als Inhalt einer Zelle:

```
>> c = {1, 'Willy', 2 }
c = [1]    'Willy'    [2]
>> c3 = c(3)
```

```
c3 = [2]
>> whos c3
  Name    Size  Bytes  Class   Attributes
  c3      1x1      68  cell
>> v3 = c{3}
v3 = 2
>> whos v3
  Name    Size  Bytes  Class   Attributes
  v3      1x1       8  double
```

Des Weiteren bietet MATLAB den Datentyp *struct*, der einzelne Daten zu einer Struktur zusammenfasst, beispielsweise für ein Adressenverzeichnis mit den Daten der einzelnen Personen:

```
>> p = struct( 'Name', 'Willy', 'Adresse', 'Berliner Tor 21' )
p =     Name: 'Willy'
    Adresse: 'Berliner Tor 21'
```

Bei der Definition eines Struct gibt man paarweise die Komponenten des Struct und die zugehörenden Werte an. In unserem Beispiel besitzt der Struct *p* die beiden Komponenten *Name* und *Adresse*, die mit den Daten 'Willy' bzw. 'Berliner Tor 21' belegt sind. Auf den Inhalt der Komponenten können Sie mit Hilfe des Punktoperators zugreifen, analog dem Lesen der Eigenschaften eines Objekts, wie in Abschnitt 1.2 gezeigt:

```
>> Adr = p.Adresse
Adr = Berliner Tor 21
```

Welche Operationen mit den Daten möglich sind, hängt vom Datentyp ab. Zahlen können Sie zum Beispiel addieren, Texte ausdrucken. Es macht aber wenig Sinn, zwei Textzeichen zu addieren. Was ergäbe wohl die Addition 'a' + 'b'?

Als **Datenverarbeitung** bezeichnet man jede Art von Operation mit Daten, also wie oben angeführt die Addition von Zahlen oder das Ausdrucken von Text. Datenverarbeitung erfolgt typischerweise in drei Schritten:

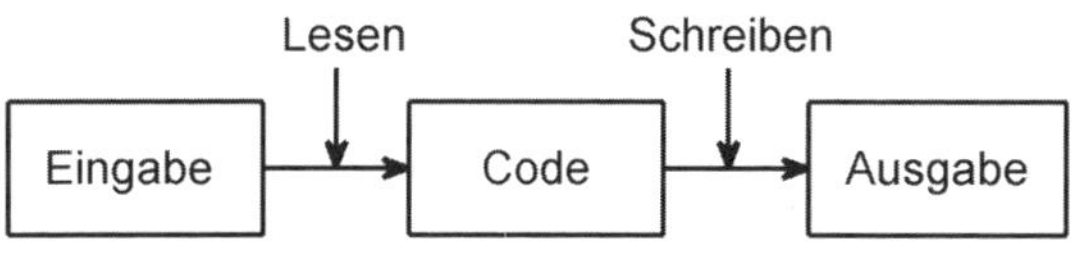

Bild 2.4 Datenfluss

- Eingabe der Daten, zum Beispiel über die Tastatur,
- Verarbeitung der Daten, durch den Programm-Code von Funktionen,
- Ausgabe des Ergebnisses, zum Beispiel auf dem Bildschirm.

Für größere Aufgaben zerlegt man ein Programm in Teilprobleme, das heißt in einzelne Funktionen mit meist nicht mehr als einer Seite Programmcode. Größere Funktionen sind erfahrungsgemäß nicht zu überblicken und führen schnell zu Fehlern.

In den Funktionen werden die einzelnen Berechnungen durchgeführt. Hierzu dienen Ausdrücke und Zuweisungen, wie die Berechnung des Umfangs aus dem Radius durch die Multiplikation mit 2 π:

```
Umfang = 2 * pi * Radius;
```

Im Programm werden diese Anweisungen **sequentiell** ausgeführt, also zeilenweise nacheinander abgearbeitet. Innerhalb einer Zeile erfolgt die Auswertung zuerst von innen nach außen, wie Sie es bei Klammern in der Mathematik gewohnt sind, und danach in den Ausdrücken, wie beim Lesen, von links nach rechts. **Wertzuweisungen** erfolgen an Variablen, die links vor einem Gleichheitszeichen stehen.

Zum Beispiel im folgenden Aufruf die Addition des Wertes von `r = 1.0` mit der Zahl 3, dem Ziehen der Wurzel aus 4 (= 3 + 1) mit der Funktion *sqrt* und der anschießenden Multiplikation mit 0.5, was für *u* letztendlich den Wert 1.0 ergibt:

```
r = 1.0;
u = 0.5 * sqrt( 3 + r );
```

Mit den Kontrollstrukturen, den Auswahlanweisungen und Schleifen, können Sie innerhalb einer Funktion den sequentiellen Ablauf verändern. Dies ist aber erst Thema in einem der späteren Abschnitte. Als Nächstes wollen wir uns anschauen, wie man in MATLAB Funktionen schreibt.

2.2 Funktionen

Funktionen dienen dazu, Teilprobleme zu lösen. Dazu übergibt man ihnen eine Anzahl von Daten, aus denen die Funktion die nötigen Ergebnisse berechnet und diese dem Aufrufer zurückgibt.

Vom Blickpunkt des Aufrufers aus sind Funktionen eine Art Black Box, mit Eingangs- und Rückgabewerten – beispielsweise kann man die Zahl 9 als Eingabe an die Wurzel-Funktion *sqrt* geben, die dann als Rückgabe hoffentlich die Zahl 3 liefert.

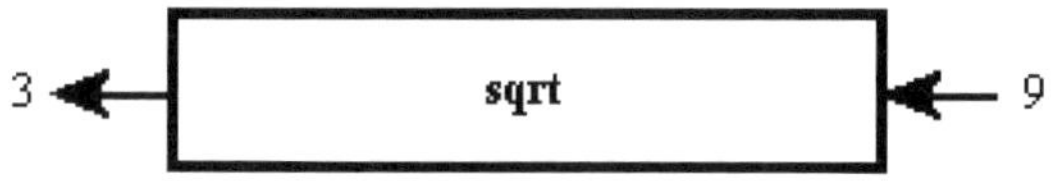

Bild 2.5 Black Box *sqrt*-Funktion

In MATLAB lautet dieser Aufruf folgendermaßen:

```
>> y = sqrt( 9 )
y = 3
```

Wie MATLAB oder eine andere Programmiersprache die Wurzel von 9 berechnet, das wird dem Anwender im Allgemeinen nicht mitgeteilt. Dieser verlässt sich darauf, dass das Ergebnis richtig ist. Es kann (bei etwas komplizierteren Funktionen) auch vorkommen, dass bei einem neuen Release von MATLAB der Berechnungsalgorithmus verändert wird, weil man zum Beispiel ein Verfahren entdeckt hat, das schneller ist.

Schreiben wir selbst eine erste MATLAB-Funktion. Diese soll für ein Rechteck aus den Eingabewerten Länge *l* und Breite *b* die Fläche `f = l * b` berechnen:

Listing 2.1 *function Rechteck*

```
% f = Rechteck(l,b):
%  Berechnung der Fläche f aus Länge l und Breite b
function f = Rechteck( l, b )
  erg = l * b;     % Berechnung der Fläche aus Eingangswerten
  f = erg;         % Zuweisung an Rückgabewert f
end
```

Den Programm-Code des Listings speichern Sie als **M-File** im aktuellen Verzeichnis unter dem Namen „Rechteck.m" ab. Der Name des M-Files muss exakt so lauten wie die Funktion. Der M-File kann aber nach der Hauptfunktion zusätzlich noch weitere Funktionen (private Funktionen) enthalten, die aber nur innerhalb dieser Datei bekannt sind. Von außen, zum Beispiel vom Command-Window aus, können private Funktionen eines M-Files nicht aufgerufen werden.

Im Command-Window von MATLAB testen wir die neue Funktion *Rechteck*:

```
>> len = 2.0;
>> br  = 3.0;
>> fl = Rechteck( len, br );
>> fl
fl = 6
```

Die **Semikolons** am Ende der beiden ersten Zeilen dienen dazu, die Kontrollausgabe zu unterdrücken. Durch die letzte Zeile wird der Wert von *fl* ausgegeben. Das Ergebnis scheint zu stimmen.

Schauen wir uns den Programm-Code etwas näher an:

Vor den ersten beiden Zeilen steht das Zeichen „%". Alles, was hinter einem „%" steht, ist **Kommentar** und wird beim Aufruf von MATLAB ignoriert. Kommentare dienen dazu, Erklärungen für den Leser des Listings zu liefern. Sie sollten in Ihren Funktionen nicht zu sparsam mit Kommentaren sein. Schon nach kurzer Zeit werden Sie bei vielen Code-Zeilen nicht mehr auf Anhieb wissen, warum Sie diese geschrieben haben.

Erst ab Zeile drei beginnt der eigentliche Programm-Code.

```
function f = Rechteck( l, b )
```

Die Zeile mit dem Kenner *function* enthält den **Funktions-Kopf**. Hier wird deklariert, wie die Funktion zu verwenden ist. Im Einzelnen wird Folgendes festgelegt:

- **Name** der Funktion: *Rechteck*
- **Eingangsparameter**: *l* und *b*, also Länge und Breite des Rechtecks
- **Rückgabeparameter**: *f*, die berechnete Fläche

Diese Beschreibung (**Deklaration**) der Funktion bezeichnet man auch als **Signatur**.

Der Name der Funktion muss mit einem Buchstaben beginnen. Darauf kann eine beliebige Kombination von Buchstaben, Zahlen oder Unterstrichen („_") folgen. Gibt es mehrere Eingangsparameter (Funktionsargumente), werden diese durch Kommas getrennt. Bei mehreren Rückgabeparametern verwendet man anstelle einer Variablen eine MATLAB-Liste, zum Beispiel `[a,b,c,...]`. Gibt es keine Rückgabeparameter, entfällt der vordere Teil „`f = ...`" in der Funktionsdeklaration, oder man ersetzt *f* durch die leere Liste „`[] = ...`".

Die meisten Funktionen haben eine fest vorgegebene Zahl von Eingangs- und Rückgabeparametern. Bei der Rechteck-Funktion sind es zwei Eingangs- und ein Rückgabeparameter. Daneben sind die Reihenfolge der Parameter und deren Datentyp wichtig. Es gibt aber auch Funktionen, bei denen die Zahl und der Datentyp der Eingangswerte (Argumente) variabel ist und erst beim Aufruf der Funktion, also zur Laufzeit, bestimmt wird – durch den sogenannten *varargs*-Mechanismus, den wir im vierten Kapitel behandeln werden.

Im Gegensatz zur Programmiersprache C++ kennt MATLAB weder Zeiger noch Referenzen. Die Übergabe der Eingangsdaten erfolgt daher immer mittels Pass-by-Value, das heißt, die in den Variablen gespeicherten Werte werden als Kopie an die Funktion übergeben. Sie können auf diesem Weg keine Daten an den Aufrufer zurückreichen. Auch wenn Sie die Daten innerhalb der Funktion verändern, hat dies keinerlei Einfluss auf die Variablen, mit denen die Funktion aufgerufen wurde. Eine Rückgabe erreichen Sie nur über die Zuweisung der Werte an einen Rückgabeparameter. Und doch gibt es eine Ausnahme, die Handle-Klassen. Dort wird so etwas wie eine Referenz auf das Objekt an die Methode übergeben.

Zurück zu unserer Funktion *Rechteck*: Ab Zeile vier beginnt der eigentliche Berechnungsteil, der sogenannte **Funktions-Rumpf**. Hier steht die erste ausführbare Anweisung des Programms: „`erg = l * b;`". Der lokalen Variablen *erg* wird dadurch das Produkt aus Länge und Breite, also der Wert der Rechteck-Fläche, zugewiesen.

Die letzte Zeile „`f = erg;`" kopiert diesen Wert in den Rückgabeparameter *f*. Die Variable auf der linken Seite dieser Zuweisung, also *f*, muss genauso heißen wie im Funktions-Kopf als Rückgabeparameter deklariert. Ohne diese Zeile würde die Funktion zwar den Wert der Fläche berechnen, aber der Aufrufer der Funktion bekäme ihn nicht zu sehen. Der Geltungsbereich (**Scope**) von lokalen Variablen, wie *erg*, ist nämlich auf die Funktion beschränkt, in der diese deklariert sind. Von außen, zum Beispiel im Command-Window, haben Sie keinerlei Zugriff auf lokale Variablen, sondern nur auf Daten, die Rückgabeparametern zugewiesen wurden.

Dies hat den Vorteil, dass Sie sich als Aufrufer keine Gedanken darüber machen müssen, welche Variablennamen bereits in Funktionen „verbraucht" sind. Das Gleiche gilt für die Namen der Eingangs- und Rückgabeparameter, die im Funktions-Kopf als **Formalparameter** *l*, *b* und *f* deklariert sind. Beim Aufruf von Rechteck habe ich bewusst andere Namen (**Aktualparameter**) verwendet, nämlich *len*, *br* und *fl*. Es kommt einzig darauf an, dass Sie bei der Übergabe Daten mit dem korrekten Typ verwenden – zum Beispiel keine Texte, wo Zahlen erwartet werden.

Beim Funktionsaufruf werden zur Übergabe der Eingangsparameter an die Funktion gar keine Variablen verwendet. Die Daten werden stattdessen in der angegebenen Reihenfolge nacheinander in einen speziellen Speicherbereich gepackt – den Stack. Die aufgerufene Funktion liest die Daten aus dem Stack aus, verarbeitet sie und schreibt das Ergebnis der Berechnungen ebenfalls in einen bestimmten Teil des Stacks zurück, von wo der Rückgabewert nach dem Funktionsaufruf abgeholt werden kann.

Deshalb hätte ich die Funktion auch direkt mit den Zahlenwerten aufrufen können, was zum gleichen Ergebnis führt:

```
>> fl = Rechteck( 2, 3 );
```

Und auch die Funktion selbst kann man kompakter schreiben. Um die einzelnen Operationen, Berechnung und Rückgabe, klarer herauszuarbeiten, wurden sie in diesem Beispiel in getrennten Zeilen ausgeführt. Sie können die beiden Zeilen aber auch zu einer einzigen zusammenfassen und auf die Zwischenvariable *erg* verzichten:

```
% Berechnung und Rückgabe der Fläche
f = l * b;
```

Funktionen sind dazu da, eine bestimmte Aufgabe zu erledigen. Damit übernehmen sie Verantwortung für exakt eine Anforderung. Machen Sie Ihre Funktionen deshalb nicht zu kompliziert – eine Aufgabe, deren Erledigung garantiert ist und deren Durchführung man vernünftig testen kann. Wollen Sie mehrere Aufgaben erledigen, dann schreiben Sie dafür mehrere Funktionen, die einzeln getestet werden. So schaffen Sie sich einen Pool von Funktionen, die Sie auch in späteren Projekten oder an anderen Stellen verwenden können. ■

In Kapitel 3 werden wir die Idee der Funktion erweitern. Die objektorientierte Programmierung verwendet Funktionen für die Methoden seiner Objekte. Und während wir in unserem Rechteck-Beispiel die Daten für Länge und Breite eines Rechtecks explizit der Funktion mitteilen mussten, ist dies bei einem Rechteck-Objekt nicht mehr nötig, denn die Idee der Objektorientierung ist es ja gerade, dass ein Objekt alle seine Daten kennt und über seine Methoden auch selbst weiß, wie man abhängige Eigenschaften wie die Fläche berechnet. Damit entfällt die separate Datenübergabe, eine mögliche Quelle für Fehler.

2.3 Input/Output

Ziemlich sinnlos ist ein Programm, das überhaupt nicht mit der Außenwelt kommuniziert. Deshalb sind Datenflüsse in ein Programm hinein (Input) und aus einem Programm heraus (Output) wichtige Komponenten für die Programmierung. Diese Kommunikation mit der Außenwelt wird mit der Bezeichnung „I/O“ (Input/Output) abgekürzt.

Für den Input ist heutzutage standardmäßig die Tastatur (oder ein Touchscreen) vorgesehen und für den Output der Bildschirm (oder ein sonstiges Display). Man spricht vom Input-Kanal „Tastatur“ und vom Output-Kanal „Bildschirm“. Weitere I/O-Kanäle sind

Dateien auf der Festplatte, in die man Daten schreibt bzw. aus denen man Daten liest, und letztendlich alles, was man mit Daten beschicken kann, zum Beispiel auch Schnittstellen zu anderen Rechnern, Maschinen etc. Die Funktionen zum Ein- und Auslesen der Daten besitzen in der Regel einen optionalen Parameter, mit dem man den I/O-Kanal festlegt. Lässt man den Parameter weg, werden automatisch die Standard-I/O-Kanäle für die Kommunikation verwendet.

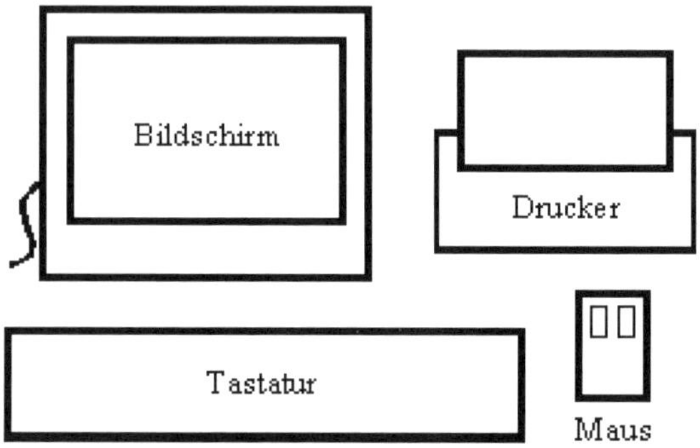

Bild 2.6 Input-Output-Geräte

Kommen wir als Erstes zu den **Ausgabefunktionen** in MATLAB:

Die MATLAB-Funktion *disp* dient dazu, Texte, Zahlen oder Felder direkt auf dem Standard-I/O-Kanal (bei uns: Bildschirm) auszugeben, zum Beispiel:

```
>> disp( 'hello, world' );
hello, world
>> disp( pi );
   3.1416
```

Möchte man die Ausgabe genauer formatieren, sollte man die Funktion *fprintf* verwenden. Das Hauptargument von *fprintf* ist ein Textfeld (Formatstring), das den Ausgabetext und die Formatierung der Ausgabe festlegt, zum Beispiel:

```
>> fprintf( 'hello, world\n' );
hello, world
>>
```

Durch den *fprintf*-Aufruf wird das Argument „hello, world“ im Command-Window ausgegeben. Die Zeichen „\n“ (für new line) bewirken, dass nach dem Text eine neue Zeile begonnen wird. Allgemein gilt: Zeichen, denen ein „\“ (Backslash) vorangestellt ist, haben eine spezielle Bedeutung (Escape-Sequenz), zum Beispiel „\t“ für einen Tabulator.

fprintf kann nicht nur Text auf den Bildschirm schreiben. Sie können im Text, an einer beliebigen Stelle, auch Zahlen oder in Variablen gespeicherte Werte ausgeben. Dazu müssen Sie im Formatstring an der gewünschten Position einen Platzhalter (Format-Anweisung) für diese Daten einbauen. Neben der Position definiert der Platzhalter, in welchem Format die Daten ausgegeben werden. Die Format-Anweisungen beginnen alle mit dem Zeichen „%“ und enden mit einem Datentyp-Kennzeichner. Dazwischen können weitere Parameter stehen, die die gewünschte Stellenzahl festlegen. Die auszugebenden Daten,

Zahlenwerte oder Variablennamen, stehen hinter dem Formatstring, abgetrennt durch ein Komma:

```
fprintf( Formatstring, Daten );
```

Am häufigsten verwendet man folgende Datentyp-Kennzeichner (Formatelemente):

- %d ganze Zahl
- %f reelle Zahl, in Dezimalpunkt-Notation
- %g reelle Zahl, optimierte Notation
- %s Textfeld

Zum Beispiel:

```
>> fprintf( 'x = %d \n', 3 );
x = 3
>> fprintf( 'Einkauf: %4.2f Euro von %s \n', 3, 'Willy' );
Einkauf: 3.00 Euro von Willy
```

„%4.2f" kennzeichnet eine reelle Zahl in Dezimalpunkt-Notation mit insgesamt vier Zeichen (einschließlich des Dezimalpunktes) und davon zwei Nachkommastellen.

Kommen wir zur **Eingabe**: Zum Einlesen von Text oder Zahlen von der Tastatur gibt es in MATLAB die Funktion *input*:

```
>> x = input( 'Bitte Wert eingeben: ' );
Bitte Wert eingeben: |
```

Die input-Funktion schreibt den Text, den sie als Argument übergeben bekommt, auf den Bildschirm (als sogenannten Prompt), in unserem Beispiel: `'Bitte Wert eingeben: '`.

Danach wartet das Programm auf eine Eingabe, der Cursor blinkt hinter dem Text. Geben wir zum Beispiel als Antwort die Zahl 3.14 ein und drücken die Eingabetaste:

```
Bitte Wert eingeben: 3.14
>> whos x
  Name    Size     Bytes  Class     Attributes
  x       1x1          8  double
```

Die vom Benutzer eingegebenen Daten werden von *input* zurückgegeben und in unserem Beispiel in der Variablen *x* gespeichert.

Wollen Sie an Stelle einer Zahl einen Text einlesen, dürfen Sie bei der Eingabe die Anführungszeichen nicht vergessen:

```
>> x = input( 'Bitte Wert eingeben: ' );
Bitte Wert eingeben: 'hello, world'
>> whos x
  Name    Size     Bytes  Class    Attributes
  x       1x12        24  char
```

Ohne die Anführungszeichen akzeptiert MATLAB die Eingabe nicht und wiederholt die Eingabeaufforderung. Wenn Sie explizit nur Text als Eingabe möchten, ist der Zwang zu Anführungszeichen recht störend. Deshalb erlaubt MATLAB den Aufruf von *input* mit dem optionalen Argument 's', wodurch die Eingabe automatisch als Text interpretiert wird:

```
>> x = input( 'Bitte Wert eingeben: ', 's' );
Bitte Wert eingeben: hello, world
>> whos x
  Name    Size     Bytes  Class     Attributes
  x       1x12        24  char
```

Auch Zahlen werden durch die Option 's' als Texte (Strings) gespeichert:

```
>> x = input( 'Bitte Wert eingeben: ', 's' );
Bitte Wert eingeben: 3.14
>> whos x
  Name    Size     Bytes  Class     Attributes
  x       1x4          8  char
```

Einen solchen Zahlen-String können Sie durch die Funktion *str2num* (sprich: „string to number") in eine Zahl umwandeln:

```
>> z = str2num( x );
>> whos z
  Name    Size     Bytes  Class      Attributes
  z       1x1          8  double
```

Analog können Sie mit der Funktion *num2str* Zahlen in Texte wandeln:

```
>> t = num2str( 2.7 );
>> whos t
  Name    Size     Bytes  Class     Attributes
  t       1x3          6  char
```

Mit den Funktionen *isnumeric* bzw. *ischar* können Sie testen, ob der Inhalt einer Variablen eine Zahl oder ein Text ist. Der Rückgabewert 1 bedeutet „ja", 0 bedeutet „nein":

```
>> isnumeric( z )
ans = 1
>> ischar( z )
ans = 0
>> ischar( t )
ans = 1
```

Weitere I/O-Kanäle sind Dateien auf der Festplatte, in die man Daten schreibt bzw. aus denen man Daten liest, oder eine USB-Schnittstelle, an der beispielsweise externe Geräte angeschlossen sind.

Vor einem Zugriff auf Dateien müssen Sie diese mit der Funktion *fopen* öffnen. Dadurch erhalten Sie einen sogenannten File-Identifier zurückgeliefert, über den alle weiteren Aktionen ablaufen. Beim Öffnen einer Datei müssen Sie sich auch schon für eine Zugriffsart entscheiden, nämlich ob Sie die Datei zum Lesen oder zum Schreiben öffnen wollen.

In geöffnete Textdateien können Sie mit der Funktion *fprintf* schreiben, ähnlich wie wir diese Funktion zur Ausgabe auf dem Bildschirm verwendet haben. Sie müssen dazu nur noch zusätzlich als erstes Argument den File-Identifier der Datei angeben. Wie man in Textdateien schreibt bzw. aus ihnen Daten ausliest, habe ich ausführlich in meinem Buch „Programmieren mit MATLAB" beschrieben.

Dort ist auch erklärt, wie Sie mit den Funktionen *xlsread* bzw. *xlswrite* auf Excel-Dateien zugreifen und wie Sie Daten aus dem Workspace mit der Funktion *save* in MAT-Files ablegen bzw. mit *load* Daten aus MAT-Files in den Workspace einladen.

2.4 Kontrollstrukturen

Ein Programm-Code besteht aus einer Anzahl von Befehlen, die nacheinander (sequentiell), Zeile für Zeile, vom Rechner abgearbeitet werden. Die **Sequenz** bildet also die normale Abfolge der Anweisungen in einem Programm. Durch folgende Kontrollstrukturen kann man diesen Ablauf jedoch ändern:

- Verzweigungspunkte (Auswahl, Alternative)
- Schleifen (Iteration, Wiederholung)
- Unterfunktionen (Aufruf weiterer Funktionen innerhalb einer Funktion)

Ein **Verzweigungspunkt** ist vergleichbar mit einer Wegkreuzung. Wenn man an so einen Punkt kommt, muss man sich zum Weitergehen für eine Richtung entscheiden. In der Programmierung formuliert man das Entscheidungskriterium als mathematische Bedingung.

Im einfachsten Fall, wenn der Weg sich in zwei Richtungen aufspaltet (einfache Alternative), kann man die Bedingung als Ja/Nein-Frage behandeln. Ist die Bedingung erfüllt, geht es in die eine Richtung, ist sie nicht erfüllt, in die andere. Mathematisch formuliert man diese Bedingung als sogenannten logischen Ausdruck, der über **Vergleichsoperatoren** definiert wird:

```
<   kleiner
<=  kleiner oder gleich
>   größer
>=  größer oder gleich
==  gleich
~=  ungleich
```

Hiermit lassen sich Vergleichsbedingungen formulieren, zum Beispiel die Fragen:

`(a < b)` Ist *a* kleiner als *b*?

`(a == b)` Sind *a* und *b* gleich groß?

Wenn mehrere Bedingungen bei der Entscheidung eine Rolle spielen, verknüpft man diese mit logischen Operatoren:

```
&&  UND
||  ODER
~   NICHT
```

beispielsweise für die Frage: Ist a größer als 1 und noch kleiner als 2?

```
(a > 1) && (a < 2)
```

Für die bedingte Auswahl kennt MATLAB die *if*-**Abfrage** mit folgender Syntax:

```
if( logischer_ausdruck )
  Anweisungen
end
```

Wenn der logische Ausdruck nach *if* wahr ist, werden die Anweisungen bis zu *end* ausgeführt. Im anderen Fall werden diese Anweisungen übersprungen und das Programm macht direkt hinter dem *end* weiter. Als MATLAB-Beispiel:

```
if( a < 0 )
  a = 0;
  fprintf( 'Negativer Wert wurde korrigiert. \n' );
end
b = a;
```

Die Frage im logischen Ausdruck lautet hier: Ist *a* kleiner als 0? Ist dies der Fall, werden alle Anweisungen bis zum *end* ausgeführt. Falls *a* nicht kleiner als 0 war, werden die Anweisungen bis zum *end* übersprungen und gleich mit der Anweisung „`b = a;`“ hinter dem *end* fortgefahren.

Falls die Anweisungen zwischen *if* und *end* sehr umfangreich sind, sollte man dafür besser eine separate Funktion schreiben. Dadurch werden der Programm-Code übersichtlicher und die Logik des Ablaufs klarer, also beispielsweise:

```
if( a < 0 )
  r = bearbeiteSpezialfall( a );
end
...
```

Für die bedingte Auswahl verwendet man folgendes Flussdiagramm:

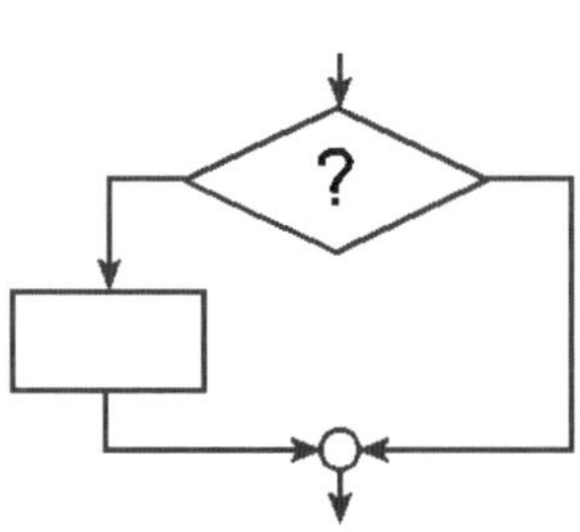

Bild 2.7 Bedingte Auswahl

In den Programmbeispielen dieses Buches finden sich oft zusätzliche Klammern und Semikolons, die in MATLAB nicht notwendig sind, den Programm-Code aber „C-ähnlicher“ und meiner Ansicht nach übersichtlicher machen. So setze ich den logischen Ausdruck nach einem *if* in Klammern. Anstelle von „`if a < 0`“ bevorzuge ich die Form „`if( a < 0 )`“.

Für den Fall, dass bei Erfüllung und Nichterfüllung einer Bedingung unterschiedliche Aktionen erfolgen sollen, gibt es die *if-else*-**Abfrage** mit der Syntax:

```
if( logischer_ausdruck )
  Anweisungen 1
else
  Anweisungen 2
end
```

Wenn der logische Ausdruck wahr ist, werden die `Anweisungen 1` ausgeführt, im anderen Fall die `Anweisungen 2`. In beiden Fällen macht das Programm danach hinter dem *end* weiter. Man bezeichnet diese Kontrollstruktur auch als „einfache Alternative“.

Es gibt bei der einfachen Alternative also zwei Wege mit unterschiedlichen Aktionen, wie es das folgende Flussdiagramm anzeigt:

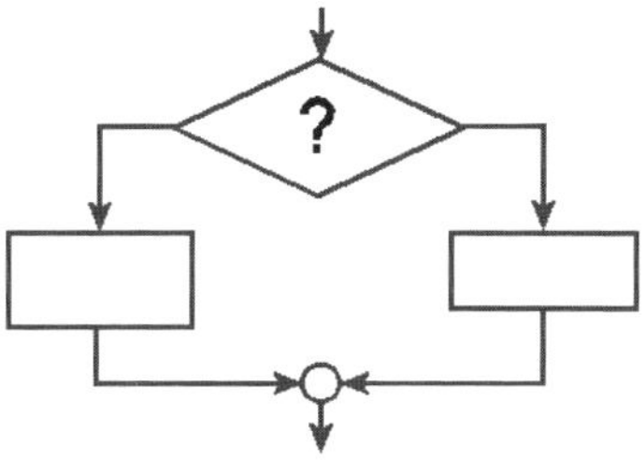

Bild 2.8 Einfache Alternative

Als MATLAB-Beispiel:

```
if( a < 0 )
  b = -a;
else
  b = a;
end
c = sqrt(b);
```

Die Frage im logischen Ausdruck lautet auch hier: Ist a kleiner als 0? Ist dies der Fall, wird b der (positive) Wert $-a$ zugewiesen. Falls a nicht kleiner als 0 ist, wird b der (nicht negative) Wert a zugewiesen. In beiden Fällen wird dann mit der Anweisung hinter dem end fortgefahren, also die Wurzel aus der (in jedem Fall nicht negativen) Zahl b gezogen.

Sie können auch verschachtelte *if-else*-Strukturen aufbauen, zum Beispiel die Abfragen: Ist der logische Ausdruck 1 erfüllt, dann tue Anweisung 1, ist dagegen der logische Ausdruck 2 erfüllt, dann arbeite Anweisung 2 ab, usw. – hinter jedem *else* kommt wieder eine neue *if*-Abfrage mit dem zugehörigen *end* als Abschluss. Hierfür gibt es in MATLAB auch die

Kurzform *elseif*, wobei jeweils das zugehörende *end* vor *elseif* wegfällt. Nur das letzte *else* hat noch ein *end*.

Verschachtelte *if-else*-Abfragen tauchen häufig da auf, wo man testen möchte, ob eine diskrete Größe einen von mehreren möglichen Werten hat (mögliche Fälle), zum Beispiel ob ein eingegebener Buchstabe ein A ist oder ein B oder ein C. Für solche Fallunterscheidungen kann man in MATLAB auch die *switch*-Anweisung verwenden.

Kommen wir aber jetzt zur zweiten Gruppe der Kontrollstrukturen, den **Schleifen**.

Schleifen sind dazu da, eine Gruppe von Anweisungen mehrfach hintereinander auszuführen - zum Beispiel als Strafarbeit einen Satz 100-mal abzuschreiben oder als Fußballmannschaft während einer Saison nacheinander gegen alle anderen Mannschaften anzutreten. Schleifen gibt es in vielen Bereichen, wobei es jedoch nicht wichtig ist, ob bei jedem Schleifendurchlauf exakt das Gleiche passiert wie bei dem 100-mal geschriebenen Satz, oder ob je nach Anlass die Aktion abgewandelt ist, wie bei den Spielen gegen jeweils unterschiedliche Mannschaften.

Für jede Art von Schleife muss es eine Bedingung geben, die das Ende der Durchläufe markiert. MATLAB unterscheidet hierbei zwei Typen von Schleifen,

- die **Zählschleife**, bei der bis zu einem Endwert gezählt wird, und
- die **Wiederholschleife**, die so lange wiederholt wird, wie es eine Bedingung erlaubt.

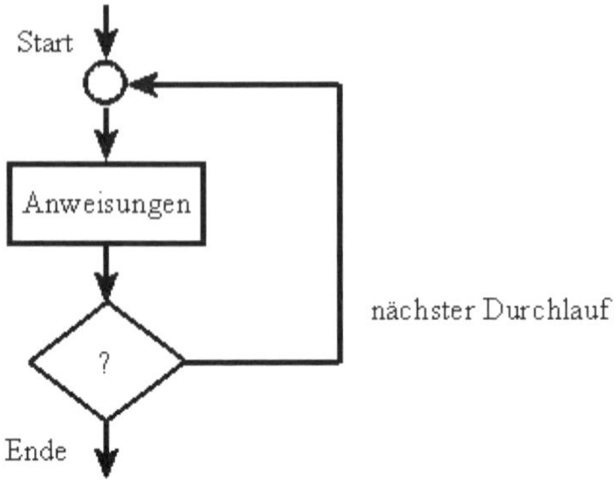

Bild 2.9 Schleife

Das Fragezeichen „?“ markiert in der obigen Abbildung die Bedingung, die erfüllt sein muss, um mit dem nächsten Schleifendurchlauf weiterzumachen. Bei der Zählschleife tritt das Ende dadurch ein, dass weit genug gezählt wurde, und bei der Wiederholschleife dadurch, dass die Bedingung zum Weitermachen nicht mehr gilt.

Normalerweise ist es nicht gewollt, dass eine Schleife nie ein Ende findet (Totschleife).

Die Syntax der **Zählschleife** lautet:

```
for( index = Startwert : Endwert )
  Anweisungen
end
```

bzw. in der erweiterten Form mit einem expliziten Wert für das *Inkrement*:

```
for( index = Startwert : Inkrement : Endwert )
  Anweisungen
end
```

index ist eine Variable (Laufvariable), die beim ersten Schleifendurchlauf auf den *Startwert* gesetzt wird. Dann werden alle Anweisungen bis zum Kenner *end* durchgeführt. Anschließend beginnt der zweite Schleifendurchlauf, wozu die Variable *index* um den Wert *Inkrement* erhöht wird. Fehlt der Wert für das *Inkrement*, dann wird hierfür der voreingestellte Wert (Default-Wert) 1 genommen. Nachdem geklärt ist, was der neue Wert von *index* ist, werden damit erneut alle Anweisungen in der Schleife bis *end* durchgeführt. Das Spiel geht weiter, bis *index* den *Endwert* überschritten hat.

Als Aufgabe berechnen wir alle Quadratzahlen für $k = 1$ bis $k = 4$ und geben diese aus:

Listing 2.2 Quadratzahlen

```
function quadrat()
  fprintf( ' k   |  k^2    \n' );
  fprintf( '================ \n' );
  for( k = 1:4 )
    quadrat = k * k;
    fprintf( ' %2d   | %3d  \n', k, quadrat );
  end
end
```

Die Ausgabe in MATLAB sieht dann folgendermaßen aus:

```
 k  |  k^2                  / durch Zeile 1 erzeugt
================            / durch Zeile 2 erzeugt
 1  |  1                    / 1. Durchlauf: k = 1
 2  |  4                    / 2. Durchlauf: k = 2
 3  |  9                    / 3. Durchlauf: k = 3
 4  |  16                   / 4. Durchlauf: k = 4
```

Als Index-Variable haben wir diesmal *k* verwendet, mit einem Startwert von 1 und einem Endwert von 4, also für vier Durchläufe. Der Inkrementwert wurde automatisch auf 1 gesetzt. Die Aktion bei jedem Durchlauf besteht aus der Anweisung, die Zahl k^2 zu berechnen und das Ergebnis mit *fprintf* auszugeben. Um der Ausgabe ein hübscheres Aussehen zu verleihen, wird vor der eigentlichen Schleife in Zeile 1 und 2 mit *fprintf* eine Überschrift für die Tabelle erzeugt.

Schleifen verwendet man auch zur Berechnung vom Summen und Produkten. Dazu braucht man einen Zwischenspeicher, zu dem bei jedem Schleifendurchlauf etwas hinzugefügt wird. Ein weiteres Beispiel für den Einsatz von Schleifen sind iterative Berechnungen, in denen nacheinander gewisse Anweisungen wiederholt werden.

Bei mehrdimensionalen Problemen kommt man mit einer einzigen Schleife nicht aus.

Nehmen wir an, Sie möchten das kleine Einmaleins berechnen. Dies ergibt ein zweidimensionales, quadratisches Feld. Es besitzt sowohl einen Index *m* für die Zeilen und einen weiteren Index *n* für die Spalten des Feldes. Das Feld ist also so aufgebaut, dass in einer bestimmten Zeile *m* diejenigen Produkte *m* * *n* stehen, bei denen der erste Faktor *m* stets einen festen Wert hat und der zweite Faktor *n* die Zahlen 1 bis 10 durchläuft.

Beispielsweise gilt für die achte Zeile, dass der erste Faktor *m* immer den Wert 8 hat. Der zweite Faktor *n* läuft von 1 bis 10. Die Einmaleins-Zahlen dieser Zeile erhalten wir als Produkt *m* * *n*. Für ein festes *m* können wir die Produkte also durch eine Schleife berechnen, in der *n* die Werte 1 bis 10 durchläuft. In der Variablen *erg* merken wir uns das Ergebnis *m* * *n*, das anschließend mit *fprintf* dreistellig ausgegeben wird:

```
for( n = 1:10 )
  erg = m * n;
  fprintf( ' %3d ', erg );
end
```

Wir wollen jedoch nicht nur eine Zeile ausgeben, sondern das gesamte Einmaleins für alle Werte von *m* und *n*. Deshalb müssen wir um die innere Schleife für *n* noch eine weitere äußere Schleife für *m* setzen, damit auch *m* die Zahlen von 1 bis 10 durchläuft. Formal kann man dies wie folgt ausdrücken:

```
for( m = 1:10 )
  Berechne alle Einmaleins-Werte für festes m;
  fprintf( '\n');
end
```

Nachdem für eine feste Zeile *m* die Einmaleins-Werte berechnet und ausgegeben sind, soll mit *fprintf* außerdem noch ein Zeilenumbruch eingebaut werden, damit die Werte für das nächste *m* in einer neuen Zeile stehen:

Listing 2.3 *function ein_mal_eins*

```
function ein_mal_eins()
  for( m = 1:10 )        % nacheinander alle Zeilen zu Nummer m
    for( n = 1:10 )      % alle Spalten zu fester Zeile m
      erg = m * n;
      fprintf( ' %3d ', erg );
    end
    fprintf( '\n');
  end
end
```

Nach dem Aufruf von *ein_mal_eins* erhält man die vollständige Einmaleins-Tabelle.

```
>> ein_mal_eins
   1    2    3    4    5    6    7    8    9   10
   2    4    6    8   10   12   14   16   18   20
   3    6    9   12   15   18   21   24   27   30
   ...
```

In einer for-Schleife wird so lange hochgezählt, bis ein Endwert erreicht ist. Es gibt aber auch Schleifen, für die nicht von vornherein feststeht, wie oft sie durchlaufen werden. Die Bedingung, die festlegt, wann man aufhören muss, wird bei diesem Typ erst während der Schleifendurchläufe klar.

MATLAB stellt dafür den Typ **Wiederholschleife** zur Verfügung.

Die Syntax einer Wiederholschleife lautet:

```
while( ausdruck )
  anweisungen
end
```

Der *ausdruck* im Schleifenkopf definiert eine Bedingung, die vor jedem Schleifendurchlauf getestet wird. Solange diese Bedingung erfüllt ist, gibt es einen weiteren Schleifendurchlauf, bei dem die Anweisungen im Schleifenkörper ausgeführt werden.

Als Beispiel wollen wir eine Funktion schreiben, die mit *input* so lange eine Zahl von der Tastatur einliest, bis die Eingabe größer 0 ist. Für diese eventuell mehrfach notwendige Anfrage an den Benutzer verwendet die Funktion *posnum* eine while-Schleife:

Listing 2.4 *function posnum*

```
function erg = posnum()
  z = -1;               % Vorbelegung mit negativer Startzahl
  while ( z <= 0 )  % weiter, solange z <= 0
    z = input( 'Bitte positive Zahl eingeben: ' );
  end
  erg = z;              % Rückgabe der positiven Zahl
end
```

Testen Sie die Funktion *posnum* beispielsweise mit folgendem Aufruf:

```
>> zahl = posnum();
Bitte positive Zahl eingeben: -3
Bitte positive Zahl eingeben: 8
>> disp( zahl );
   8
```

In unserem Fall wurde die Schleife zweimal durchlaufen, und erst mit Eingabe der positiven Zahl 8 war die Bedingung zum Weitermachen ($z <= 0$) nicht mehr erfüllt. Wie oft eine Zahl angefordert werden musste, wurde erst während des Schleifendurchlaufs klar. Eine Zählschleife hätte uns bei diesem Problem nichts genutzt.

Warum musste *z* am Anfang eigentlich mit einer negativen Zahl vorbelegt werden?

Erinnern Sie sich, dass bereits zu Beginn der Schleife der Test auf die Positivität stattfindet! Und nicht erst dann, wenn *input* die erste Zahl geliefert und an *z* übergeben hat.

Und eigentlich hätten wir nach der Eingabe auch noch testen müssen, ob der eingelesene Wert überhaupt eine Zahl und nicht etwa ein Text ist.

Bisher wurde ein Schleifenende dadurch erreicht, dass im Schleifenkopf die Bedingung nicht mehr erfüllt war, die für das Weitermachen notwendig ist. Daneben gibt es noch andere Kontrollstrukturen, mit denen man den Ablauf einer Schleife beeinflussen kann.

Sie können eine Schleife auch verlassen, indem Sie im Schleifenkörper die Anweisung *break* einbauen, normalerweise verbunden mit einer Bedingung. Damit kann man zum Beispiel erreichen, dass die Schleife bei Eingabe eines bestimmten Zeichens abbricht. In verschachtelten Schleifen beendet *break* die aktuelle Schleife und fährt in einer eventuell darüber liegenden Schleife fort.

Sie können Schleifen (und Funktionen) auch durch die Anweisung *return* beenden. *return* bewirkt, dass die aktuelle Funktion auf jeden Fall verlassen wird, ganz gleich, wie tief Sie sich in verschachtelten Schleifen befinden mögen. Ähnlich wirkt die Funktion *error*, mit der Sie zusätzlich eine Fehlermeldung ausgeben können, bevor *error* die Funktion abbricht.

Eine weitere Kontrollstruktur ist die Anweisung *continue*. *continue* bewirkt, dass alle Anweisungen, die im Schleifenkörper hinter *continue* stehen, übersprungen werden, und die Schleife sofort mit dem nächsten Durchlauf fortfährt.

2.5 Grafik

Zur Ausgabe haben wir bisher die Input-Output-Funktionen verwendet, mit denen Sie beispielsweise Listen von Ergebnissen mit der Funktion *fprintf* auf dem Bildschirm anzeigen können. Oft führt eine Grafik aber zu einer anschaulicheren Darstellung als Tabellen mit endlosen Zahlenreihen.

MATLAB kennt eine Reihe von Grafikfunktionen und Grafiktypen. Welchen Typ Sie wählen, hängt von der Art Ihrer Daten und der gewünschten Art der Darstellung ab. Grob kann man die Grafiktypen in zwei- und dreidimensionale Darstellungen einteilen.

Zur grafischen Darstellung von Funktionen einer Veränderlichen gibt es in MATLAB die kompakte Grafikfunktion *fplot*, der man nur den Namen der Funktion und ihren Definitionsbereich übergeben muss, zum Beispiel die Funktion x^2 im Intervall zwischen –3 und 3:

```
>> fplot( 'x*x', [-3,3] )
```

Die Funktion, die man darstellen möchte, wird als erstes Argument in Anführungszeichen angegeben, hier „x*x“. Danach folgt der Definitionsbereich von *x*, hier „[-3,3]“.

Zur grafischen Ausgabe eines beliebigen Datensatzes gibt es die MATLAB-Funktion *plot*. Für den *plot*-Aufruf packt man die Daten der x- und y-Werte in jeweils einen Vektor, zum Beispiel:

```
>> x = [0,10,20,30,40,50,60];
>> y = [0,2,1,-3,4,2,-1];
```

Wir haben also sieben x- und sieben y-Werte, gedacht als sieben x-y-Paare, die Punkte in der Ebene definieren, beispielsweise den siebten Punkt bei (60,–1). In der Plot-Darstellung sollen die x-Werte nach rechts und die y-Werte nach oben angetragen werden, wie man es aus der Mathematik gewohnt ist.

Der eigentliche Plot-Aufruf benötigt nur die beiden Vektoren *x* und *y*. Der darauf folgende *grid*-Befehl zeichnet hinter die Grafik zur Orientierung noch ein Gitternetz:

```
>> plot( x, y );
>> grid on
```

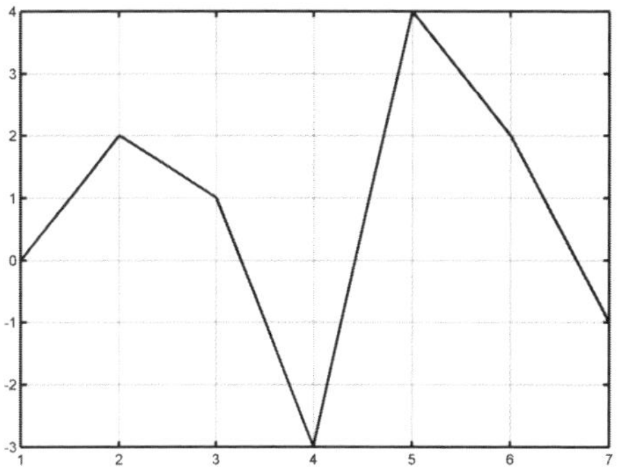

Bild 2.10 Plot von x- und y-Werten

Die Plot-Funktion verbindet standardmäßig die einzelnen Punkte (*x*,*y*) mit geraden Linien. Man kann *plot* aber auch dazu bringen, die Daten unverbunden mit einem Symbol darzustellen, zum Beispiel jeden Datenpunkt mit einem Fünfeck (pentagram = 'p'). Neben dem Symboltyp kann für *plot* auch noch die Farbe und der Linientyp festgelegt werden. Der allgemeine Aufruf von *plot* lautet:

```
plot( x, y, 'color_style_marker' )
```

color_style_marker ist ein Textfeld (zwischen einfachen Anführungszeichen), das einen bis vier Buchstaben enthalten kann und damit Farbe, Linientyp und Symbol, wie beispielsweise das Fünfeck durch ein 'p', spezifiziert. Der Aufruf „`plot( x, y, 'r:+' )`“ erzeugt beispielsweise eine rote, gepunktete Linie und markiert die Punkte mit „+“-Zeichen.

Um mehrere Funktionen in eine Grafik zu zeichnen, gibt es die *hold*-Funktion. Normalerweise löscht jeder Plot-Aufruf die Grafik im *figure*-Window. Der Befehl *hold on* bewirkt, dass die bestehenden Zeichnungen weiterhin erhalten bleiben. Der Aufruf *hold off* beendet diesen Modus.

Im vorherigen Beispiel haben wir eine Funktion mit einer Veränderlichen als 2D-Grafik dargestellt. MATLAB bietet auch diverse Funktionen zum Erzeugen von 3D-Grafiken, beispielsweise mit Hilfe der Funktion *surf*, die zur Visualisierung von Funktionen mit zwei Veränderlichen $z = f(x,y)$ dient und eine Fläche im Raum zeichnet. Zur automatischen Belegung des Definitionsbereichs von *f*, ein Gebiet in der x-y-Ebene, gibt es die Funktion *meshgrid*.

Wir werden in diesem Buch aber keine 3D-Grafiken benötigen. Deshalb gehe ich hier nicht näher auf die 3D-Grafiken ein. Informationen dazu finden Sie in meinem Buch „Programmieren mit MATLAB“. Dort wird auch erklärt, wie man mit Hilfe der Funktion *subplot* mehrere Datensätze in einer Grafik unterbringen kann.

2.6 Handles

Als Handle bezeichnet MATLAB die **Referenz** auf ein bestehendes Objekt, wie beispielsweise ein Fenster mit Grafiken. Man merkt sich ein Handle typischerweise beim Erzeugen des Objekts, also zum Beispiel beim Anlegen der Grafik. Über das Handle hat man Zugriff auf das zugehörige Objekt. Bei Grafiken kann man dadurch deren Eigenschaften auslesen oder verändern. Hierbei muss man jedoch darauf achten, dass die Objekte, auf die das Handle zeigt, bei der Verwendung des Handles noch existieren und nicht längst abgeräumt sind – weil beispielsweise die Grafik in der Zwischenzeit geschlossen wurde.

Betrachten wir als erstes den Umgang mit **Function-Handles**. Wenn die Funktion über einen M-File definiert ist, erhält man das Function-Handle über den Funktionsnamen, dem ein „@"-Zeichen vorangestellt wurde:

```
fun = @functionname
```

Für die selbst geschriebene Funktion *xsin* im M-File „xsin.m"

Listing 2.5 *function xsin*

```
function y = xsin( x )
  y = 4*sin(x) - x.^2;
end
```

würde das Function-Handle beispielsweise „@xsin" lauten. Analog können Sie sich auch Handles auf die in MATLAB integrierten Funktionen verschaffen, zum Beispiel als „@sin" für die gewöhnliche Sinus-Funktion.

Als Anwendung wollen wir die Funktion *funPlot* schreiben, die eine beliebige Funktion an einer Reihe von Stützstellen auswertet und anschließend plottet. Die Funktion, die geplottet werden soll, wird erst beim Aufruf der Funktion durch Übergabe des Handles spezifiziert. Die weiteren Parameter (Anfangswert, Endwert und Abstandsdifferenz) legen das Intervall fest, in dem die Funktion ausgewertet werden soll:

Listing 2.6 *function funPlot*

```
function funPlot( fun, anfang, ende, diff )
  x = anfang : diff : ende;
  y = fun(x);
  plot( x, y );
  grid on
end
```

Mit Hilfe des „:"-Operators definiert die Funktion am Anfang die x-Werte, von einem Anfangswert *anfang* bis zum Endwert *ende*, mit der Abstandsdifferenz *diff* zwischen den Punkten:

```
x = anfang : diff : ende;
```

Zu all diesen x-Werten werden dann durch Aufruf der übergebenen Funktion *fun* die zugehörigen y-Werte berechnet:

```
y = fun( x );
```

Die in MATLAB integrierten Funktionen sind in der Lage, nicht nur einen Wert, sondern gleich ein ganzes x-Feld zu verarbeiten. Bei selbst geschriebenen Funktionen müssen Sie darauf achten, dass diese auch für Vektoren geeignet sind, beispielsweise durch Verwendung des „."-Operators vor mathematischen Operatoren.

Plotten wir die Sinus-Funktion *sin* von MATLAB vom Anfangswert $x = 0$ bis zum Ende 2π mit Zwischenwerten im Abstand $diff = 0.01$:

```
>> funPlot( @sin, 0, 2*pi, 0.01 );
```

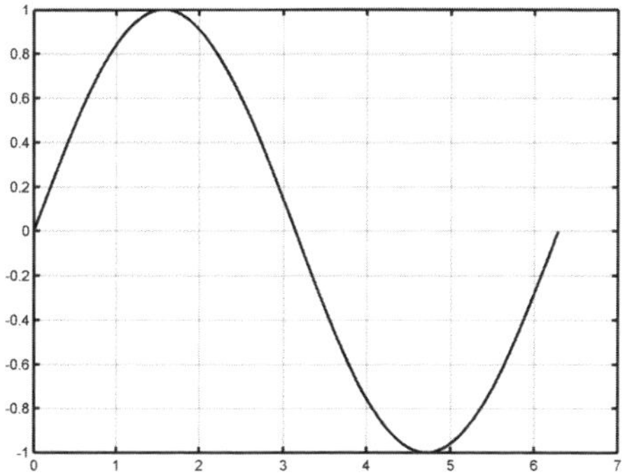

Bild 2.11 Plot der *sin*-Funktion von 0 bis 2π

Versuchen Sie es mit dem Plotten der selbst geschriebenen Funktion *xsin* im M-File „xsin.m", beispielsweise ebenfalls im Intervall 0 bis 2π.

Das soll es zum Thema Function-Handle gewesen sein. Kommen wir zu den Handles, die auf Grafik-Objekte verweisen.

Die Grafikfunktionen von MATLAB, wie *plot* oder *surf*, öffnen beim Ausführen automatisch ein neues Fenster - eine neue *figure*, falls noch kein Fenster geöffnet ist. Gibt es bereits ein offenes Fenster, dann verwenden die Grafikfunktionen dieses für die Ausgabe der Daten. Sind bereits mehrere Fenster geöffnet, dann erscheint die Grafik im „aktuellen" Fenster, also dem Fenster, das zuletzt verwendet oder durch einen Maus-Klick ausgewählt wurde.

Möchten Sie explizit ein neues Fenster für die Grafikausgabe haben, können Sie ein solches mit dem Befehl *figure* vor dem Aufruf der Grafikfunktionen erzeugen:

```
>> figure;
>> x = [0,10,20,30,40,50,60];
>> y = [0,2,1,-3,4,2,-1];
>> plot( x, y );
```

Die grafischen Objekte, die zur Laufzeit vorhanden sind, hält MATLAB in der sogenannten „Hierarchie". Das oberste Objekt, *root* genannt, bezeichnet den gesamten Bildschirm. Darunter befinden sich die geöffneten Grafikfenster (*figures*). In den figures werden normalerweise noch weitere Objekte vorhanden sein, *axes* und Menüleisten. Unter den *axes* hängen die eigentlichen Grafikobjekte, die wir im Plot zeichnen.

```
               root
               / | \
    figure1 figure2 figure3
       /         |        \
  axes1 ... axes2 ... axes3 ...
    / \          |          \
 line1 line2 ...             ...
```

Bild 2.12 Hierarchie der MATLAB-Grafiken

Um auf diese Objekte zugreifen zu können bzw. um sie zu manipulieren, gibt es die **Grafik-Handles**, die eindeutig *figures*, *axes* und alle weiteren Objekte referenzieren.

Für die zuletzt verwendeten Objekte bietet MATLAB folgende Aufrufe:

- *gcf:* Handle des aktuellen Grafikfensters (gcf = get current figure)
- *gca:* Handle der aktuellen *axes*
- *gco:* Handle des aktuellen Grafikobjekts (Linie, Fläche, ...)

Alle aktuellen Objekte der zuletzt erzeugten Grafik erhält man mit dem Befehl *findobj*. Mit Hilfe dieser Handles kann man die zugehörigen Objekte verändern. Dazu sollte man sich direkt nach dem Erzeugen der Objekte die zugehörigen Handles holen und sie für spätere Manipulationen in selbst gewählten Variablen speichern, zum Beispiel:

```
>> hnd = findobj;
```

Informationen über die Bedeutung der Komponenten liefert der Befehl *get*:

```
>> get( hnd, 'type' )
ans = 'root'
      'figure'
      'axes'
      'line'
```

In der Grafik gibt es demnach folgende Komponenten:

- *hnd* (1): root der gesamte Bildschirm
- *hnd* (2): figure das aktuelle Grafikfenster
- *hnd* (3): axes der Zeichnungsbereich des aktuellen (Sub-)Plots
- *hnd* (4): line die gezeichneten Linien

Einen Überblick über die möglichen Eigenschaften, die ein Objekt besitzt, zeigt Ihnen der Befehl *set*, wobei Voreinstellungen in geschweiften Klammern angegeben werden.

```
>> set( hnd (3) )
   XTick
   Visible: [ {on} | off ]
   ...
>> set( hnd (4) )
   XData : {}
   yData : {}
   ...
```

Den Inhalt der Eigenschaften erhalten Sie über den *get*-Aufruf:

```
>> data = get( hnd(4) )
data = ...
       XData: [0 10 20 30 40 50 60]
       YData: [0 2 1 -3 4 2 -1]
       ...
```

Für den Abruf einer speziellen Eigenschaft müssen Sie zusätzlich deren Namen angeben:

```
>> XD = get( hnd(4), 'XData' )
XD =  0  10  20  30  40  50  60
```

Mit *set* kann man diese Eigenschaften auch verändern – beispielsweise um die Beschriftung der Achsen auszuschalten, belegen Sie `'XTick'` bzw. `'YTick'` oder `'ZTick'` mit der leeren Menge `[]`. Die aktuelle Grafik-Axes, auf die diese Operation wirken soll, kann man sich, außer über *hnd*(3), auch mit Hilfe der Funktion *gca* besorgen:

```
>> set( gca, 'XTick', [] )
```

Im nächsten Kapitel werden uns Handles wieder begegnen, hier in Form der Handle-Klassen. Variable vom Typ einer Handle-Klasse sind dort ebenfalls Referenzen auf ein bestehendes, eindeutiges Objekt. Dadurch unterscheidet sich deren Verhalten von anderen Objekten, welche beispielsweise nur als Daten-Container verwendet werden.

2.7 Fragen

Ihnen sind auf den vorangegangenen Seiten sicher einige neue und zum Teil auch ungewohnte Begriffe begegnet. Der Sinn der folgenden Fragen ist es, Ihnen das Gelesene ins Gedächtnis zurückzurufen, um damit den gelernten Stoff zu festigen. Antworten zu den Fragen finden Sie auf den vorherigen Seiten und auf meiner Homepage

www.Stein-Ulrich.de/Matlab/

- Was sind Variablen?
- Welche Zeichen sind für einen Variablennamen erlaubt?

- Was sind die wichtigsten Standard-Datentypen in MATLAB?
- Was ist ein Feld (Array)?
- Wie greift man auf die Elemente eines Arrays zu?
- Welche Funktionen informieren über die Größe eines Arrays?
- Was ist ein Cell-Array?
- Wie wird der „:"-Operator angewendet?
- Wie funktioniert der *linspace*-Operator?
- Wie erzeugt man in MATLAB einen Text?
- Wie werden Ausdrücke ausgewertet?
- Was ist eine Wertzuweisung?
- Wie hat man die Anweisung „`n = n + 1;`" zu verstehen?
- Wie ist der Kopf einer MATLAB-Funktion (die Signatur) aufgebaut?
- Mit welchen Funktionen kann man Texte und Zahlen auf dem Bildschirm ausgeben?
- Welche Funktion liest Daten von der Tastatur?
- Welche Vergleichsoperatoren gibt es?
- Wie formuliert man eine Auswahl (Alternative)?
- Wie lautet die Syntax einer Zählschleife?
- Wie ist eine Doppelschleife aufgebaut?
- Wie ist eine Wiederholschleife aufgebaut?
- Mit welcher Funktion kann man 2D-Grafiken erzeugen?

2.8 Aufgaben

Aufgabe 2.1:

Schreiben Sie die Funktion *gesamt* mit folgender Signatur:

```
function g = gesamt( preis, MwSt )
```

Aufgabe der Funktion ist es, den Gesamtpreis einer Ware zu berechnen, der aus Preis plus Mehrwertsteuer besteht. An die Funktion übergeben wird in der Variablen *preis* der Preis in Euro ohne Mehrwertsteuer und in der Variablen *MwSt* die Mehrwertsteuer in Prozent.

Testen Sie Ihre Funktion beispielsweise mit dem Aufruf:

```
>> g = gesamt( 100, 19 )
```

Aufgabe 2.2:

Schreiben Sie mit Hilfe des „:"-Operators die Funktion *Liste*:

```
function r = Liste( len )
```

Die Funktion erzeugt ein Feld von fortlaufenden ganzen Zahlen, beginnend mit der Zahl 0 bis zur Zahl, die in der Variablen *len* übergeben wurde.

Schreiben Sie eine zweite Variante der Funktion, bei der Sie an Stelle des „:"-Operators die Funktion *linspace* verwenden.

Aufgabe 2.3:

Schreiben Sie eine Variante der Funktion *Liste*, die auf das Vorzeichen der übergebenen Zahl *len* reagiert. Ist *len* größer als null, rechnet die Funktion wie im obigen Fall. Ist *len* jedoch kleiner als null, dann besteht die Liste aus den Zahlen 0, -1, -2 bis *len*.

Aufgabe 2.4:

Schreiben Sie die Funktion *subtraktion* mit folgender Signatur:

```
function subtraktion()
```

Die Funktion soll zwei Zahlen a und b von der Tastatur einlesen, deren Differenz $c = a - b$ berechnen und das Ergebnis in der Form „$a - b = c$" auf dem Bildschirm ausgeben.

Testen Sie Ihre Funktion mit verschiedenen Eingabewerten.

Aufgabe 2.5:

Schreiben Sie die Funktion *dispArray* mit folgender Signatur:

```
function dispArray( A )
```

Die Funktion soll die Größe des übergebenen Arrays A berechnen und auf dem Bildschirm die Zahl der Zeilen und Spalten des Arrays ausgeben.

Testen Sie Ihre Funktion beispielsweise mit dem Aufruf:

```
>> dispArray( [1,2,3; 4,5,6] )
```

Aufgabe 2.6:

Schreiben Sie die Funktion *calcGreater* mit folgender Signatur:

```
function n = calcGreater( A, m )
```

Die Funktion erhält als Eingabewert ein eindimensionales Array A mit Zahlen und eine Zahl m. Die Funktion berechnet mittels einer Zählschleife, wie viele Zahlen in A größer sind als die übergebene Zahl m.

Testen Sie Ihre Funktion beispielsweise mit dem Aufruf:

```
>> n = calcGreater( [20,0,30,-40,50], 10 )
```

Aufgabe 2.7:

Schreiben Sie die Funktion

```
y = plotData(),
```

die mittels einer *while*-Schleife von der Tastatur eine beliebige Menge von Zahlen einliest. Merken Sie sich die Daten im Vektor y.

Das Einlesen ist beendet, wenn von der Tastatur anstelle einer Zahl ein Text gekommen ist, beispielsweise der Buchstabe „q“.

Stellen Sie anschließend die eingelesenen Daten in einer 2D-Grafik $y = y(n)$ dar.

3 Objektorientierung

Jetzt geht es endlich los mit der objektorientierten Programmierung. Wobei wir ein erstes Objekt ja bereits im einführenden Abschnitt 1.2 kennengelernt haben, ein Objekt der von uns definierten Klasse *Auto*. Daran werden wir in diesem Kapitel anschließen, um danach auch noch weitere zentrale Begriffe der OOP einzuführen, wie Datenkapselung, Vererbung, Polymorphie etc.

3.1 Objekte und Klassen

Objekte und Klassen – was ist der Unterschied? Während **Objekte** Dinge aus der realen Welt beschreiben, dienen **Klassen** dazu, gleichartige Objekte zu gruppieren. In unserem Beispiel hatten wir Autos mit unterschiedlichem Typ als Mitglieder einer Klasse aufgefasst. Die einzelnen Objekte – bei uns die Autos als selbständige Identitäten – werden sich in ihren konkreten Eigenschaften unterscheiden und der Zustand eines Objekts kann sich im Laufe der Zeit ändern. Durch welche Eigenschaften ein Objekt jedoch zu beschreiben ist, das legt die Klasse von vornherein fest. Die Klasse stellt eine Art „Bauplan" dar, zum Erzeugen von Objekten dieser Klasse. Die Klasse ist eine Abstraktion, ein abstraktes Modell der realen Objekte.

In unserer Beispiel-Klasse *Auto* hatten die Objekte verschiedene Eigenschaften, wie *geschwindigkeit* oder *kilometer*. Bei der Deklaration dieser Klasse, im M-File „Auto.m", werden die Eigenschaften im Block *properties* abgelegt:

Listing 3.1 Eigenschaften der Klasse *Auto*

```
classdef Auto
  properties
    typ = '';
    baujahr = 0;
    kilometer = 0;
    geschwindigkeit = 0;
    benzin = 0;
  end
  ...
end
```

Die erste Zeile des M-Files, `classdef <classname>`, zeigt an, dass ab jetzt eine Klasse mit dem Namen <classname> spezifiziert wird. Mit dem Kenner *properties* in der zweiten Zeile beginnt die Definition der **Eigenschaften** der Klasse. Dadurch wird die Datenstruktur der zugehörigen Objekte festgelegt. Dieser Bereich reicht bis zum nächsten *end*, in unserem Fall bis hinter die Eigenschaft *benzin*.

Zu jeder Objekt-Eigenschaft gehört eine bestimmte **Objekt-Variable**. Die Klasse *Auto* erhält in unserem Beispiel durch die Variablen-Definition „`geschwindigkeit = 0;`" die Eigenschaft *geschwindigkeit*. Allen Auto-Objekten kann man zu jedem Zeitpunkt eine Geschwindigkeit zuordnen.

Die Zuweisung der Zahl 0 zur Geschwindigkeit initialisiert zusätzlich diese Eigenschaft. Eine **Initialisierung** der Daten einer Klasse ist nicht zwingend notwendig. Sie können den Objekten auch erst später Werte zuweisen. Auf der anderen Seite ist der Zugriff auf nicht initialisierte Daten eine häufige Fehlerquelle. Es ist deshalb zu empfehlen, dass Sie Ihre Variablen so früh wie möglich initialisieren.

In Kapitel 2 haben wir mit den in MATLAB integrierten Datentypen gearbeitet. Zum Lösen von Aufgaben erzeugten wir Variablen, beispielsweise

```
>> x = int32( 5 );
>> whos x
  Name      Size      Bytes  Class
  x         1x1           4  int32 array
```

Mit dem ersten Befehl wurde für die Variable *x* eine gewisse Menge an Speicherplatz reserviert, hier 4 Bytes, und dieser wurde auch schon mit einem Wert belegt, hier mit der Zahl 5. Der Zugriff auf die gespeicherten Daten erfolgt über den Namen der Variablen. Hier lautete der Name *x*, den wir auch für den Aufruf mit der Funktion *whos* verwendeten.

Einen „Verbund" aus Eigenschaften und Fähigkeiten, für den Speicherplatz bereitgestellt wurde, bezeichnet man in der OOP als **Objekt**. Eine **Variable** ist ein Objekt, dem man einen Namen gegeben hat.

In diesem Sinne ist unsere Variable *x* ein Objekt. Dabei spielt es keine Rolle, ob ein Datentyp verwendet wird, der in MATLAB integriert ist, oder ob er zu einer vom Benutzer definierten Klasse gehört (im Englischen UDT genannt, *user-defined type*), wie:

```
>> HH_BT_21 = Auto( 'VW_Golf', 2010 );
>> whos HH_BT_21
  Name      Size      Bytes  Class
  HH_BT_21  1x1         102  Auto
```

Die Variable mit dem Namen *HH_BT_21* ist also ein Objekt vom Typ *Auto*, genauer von der Klasse *Auto*. **Klassen** liefern ein Konzept zur Erzeugung eines Objekts. Dieser Plan ist in der Klassendefinition festgelegt. In unserem Fall hat jedes Auto-Objekt die Eigenschaften: *typ, baujahr, kilometer, geschwindigkeit, benzin.*

Ich schließe mich in diesem Buch der Konvention von Bjarne Stroustrup an:

Die Namen der Eigenschaften und Methoden einer Klasse, wie *geschwindigkeit* und *beschleunigen*, beginnen mit einem Kleinbuchstaben. Die Namen von Klassen dagegen mit einem Großbuchstaben, wie bei der Klasse *Auto*. Damit ist auf den ersten Blick klar, was eine Eigenschaft und was eine Klasse bezeichnet. ■

Bei der Erzeugung des Auto-Objekts *HH_BT_21* wurden seine Eigenschaften gleich mit Werten initialisiert. Der **Konstruktor** der Klasse (zu dem kommen wir später) übernahm vom Aufrufer den *typ* und das *baujahr*, in unserem Fall 'VW_Golf' und 2010. Die restlichen Objekt-Variablen wurden mit dem Wert 0 belegt.

Die Summe der Eigenschaften eines Objekts, also der Inhalt der Objekt-Variablen, definiert dessen **Zustand**. Dieser Zustand wird sich im Laufe der Zeit ändern. Beispielsweise wird der Wert der *geschwindigkeit* sicher nicht immer beim Anfangswert 0 bleiben. Andere Eigenschaften, wie der *typ* 'VW_Golf', sollten jedoch konstant sein.

Der Zugriff auf die Eigenschaften eines Objekts erfolgt über den **Punktoperator**:

```
Eigenschaft = Objekt.variable;
```

in unserem Fall zum Beispiel:

```
>> v = HH_BT_21.geschwindigkeit
v = 0
```

In einer Klasse darf es keine Eigenschaft geben, die denselben Namen trägt wie die Klasse selbst. Unsere Klasse *Auto* darf also keine Eigenschaft mit dem Namen *Auto* besitzen.

Bei den Methoden einer Klasse hat die Methode mit dem Namen der Klasse eine besondere Bedeutung: Es ist der Konstruktor, den wir später noch genauer behandeln werden. ■

Eine Klasse besteht hauptsächlich aus Eigenschaften (Daten) und Methoden (Funktionen), die mit diesen Daten arbeiten und das Verhalten eines Objekts beeinflussen. Die Eigenschaften werden im Block *properties* definiert. Für Methoden ist der Block *methods* vorgesehen. Außerdem kann eine MATLAB-Klasse noch die Bereiche *events* und *enumeration* enthalten. Jeder Block beginnt mit dem entsprechenden Bezeichner, zum Beispiel mit *methods*, und endet mit einem *end*. Zu den letzten drei Blöcken kommen wir in späteren Abschnitten.

Das allgemeine *classdef*-Gerüst sieht also folgendermaßen aus:

Listing 3.2 Block-Aufbau einer Klasse

```
classdef <Classname>
  properties
    ...
  end  % properties
  methods
    ...
  end  % methods
  events
    ...
  end  % events
  enumeration
```

```
    ...
  end   % enumeration
end   % classdef
```

Hinter jedem *end* habe ich als Kommentar angeführt, welcher Block endet, zum Beispiel „`end % properties`". Dies dient allein der Übersicht und ist als reiner Kommentar nicht zwingender Bestandteil der *classdef*-Beschreibung.

3.2 Datenkapselung

Unser Auto-Objekt *HH_BT_21* hat die Eigenschaft *geschwindigkeit*, deren Wert wir mit Hilfe des Punktoperators auslesen können:

```
>> v = HH_BT_21.geschwindigkeit
v = 0
```

Durch diesen Zugriff auf die Objekt-Variablen kann man deren Wert auch verändern:

```
>> HH_BT_21.geschwindigkeit = 300;
>> v = HH_BT_21.geschwindigkeit
v = 300
```

300 km/h? Und das bei einem VW Golf?

Wenn es möglich ist, die Eigenschaften eines Objekts von außen beliebig zu manipulieren, führt dies schnell zu Inkonsistenzen. Auch bei realen Objekten ändern sich Eigenschaften nicht wie von Geisterhand, sondern man muss eine Operation durchführen, bei einem Auto beispielsweise das Gaspedal durchtreten, um zu beschleunigen. Oder es tritt ein Ereignis ein, das zu einer Änderung einer Eigenschaft führt. Zum Beispiel ändert sich die Geschwindigkeit sicher auch, wenn dem Auto das Benzin ausgegangen ist.

Da wir wünschen, dass sich die Objekte in MATLAB ähnlich verhalten wie die Objekte in der realen Welt, sollte man bei der Spezifikation einer Klasse darauf achten, dass sich Eigenschaften nur auf wohldefinierte Art ändern.

Dies erreicht man in der OOP durch die Trennung von **Schnittstelle** und **Implementierung**.

Als Schnittstelle bezeichnet man all das, was von außen sichtbar und zugänglich ist, was also öffentlich ist, im Englischen *public*. Mit dem Attribut *public* können sowohl Methoden als auch gewisse Eigenschaften ausgezeichnet werden. Das Objekt hat also Schnittstellen, die bestimmen, auf welche Weise man von außen mit ihm umgehen kann. Damit soll verhindert werden, dass sich unsinnige Zustände einstellen.

Unter Implementierung fallen all die Details, die zwar den Zustand eines Objekts festlegen, aber den Anwender normalerweise nicht interessieren, beispielsweise wie der Tritt auf das Gaspedal dazu führt, dass das Auto schneller wird. Diese Daten und Methoden bekommen das Attribut *privat*, englisch *private*. So ausgezeichnete Details gehen nur das Auto-Objekt etwas an, nicht aber seinen Benutzer. Später, beim Thema Vererbung, werden wir eine Abschwächung kennenlernen, das Attribut *geschützt*, auf Englisch *protected*.

Will man private Eigenschaften einer Klasse ändern, kann dies nicht mehr durch die direkte Manipulation mittels des Punktoperators geschehen. Man muss stattdessen eine öffentliche Methode zur Verfügung stellen, also eine Schnittstelle, die der Benutzer verwendet, in unserer Auto-Klasse zum Beispiel die Methode *beschleunigen*. Diese Methode sollte auch prüfen, ob die Änderung der Eigenschaft zulässig ist, oder ob eine Beschleunigung auf 300 km/h für einen VW Golf nicht eher ins Reich der Fantasie gehört.

Klasse *Auto*:

Eigenschaften:
typ *baujahr* *geschwindigkeit* *kilometer* *benzin*
Methoden:
Auto *beschleunigen* *disp*

Bild 3.1 Klasse *Auto*

Was müssen wir in der Auto-Klasse modifizieren, um die neuen Attribute einzubauen?

Alle Eigenschaften kennzeichnen wir als *private*. Nur der Konstruktor und die Methoden *beschleunigen* und *disp* bleiben *public*. Diese Methoden werden wir jedoch erst im nächsten Abschnitt besprechen, deshalb erscheint von ihnen hier nur der Funktionskopf:

Listing 3.3 Struktur der Klasse *Auto*

```
classdef Auto
  % Private Eigenschaften
  properties ( Access = private )
    typ = '';
    baujahr = 0;
    kilometer = 0;
    geschwindigkeit = 0;
    benzin = 0;
  end  % properties
  % Methoden
  methods ( Access = public )
    % Konstruktor
    function obj = Auto( typ, baujahr )
      ...
    end
    % Methode beschleunigen
    function obj = beschleunigen( obj, wie_viel )
      ...
    end
    % Methode disp
    function disp( obj )
      ...
```

```
    end
  end  % methods
end
```

Die Einschränkung des Zugriffs mit Hilfe der Attribute nennt man **Kapselung** der Daten und Methoden. Auf Daten, die verschlossen sind, kann man von außen nicht zugreifen.

Testen wir dies an unserem Auto-Objekt.

Doch Stopp! Löschen Sie vorher unbedingt alle Objekte der Vorgängerversion aus dem Workspace, am besten mit dem Befehl *clear all.* Wenn Sie dies nicht tun, kann MATLAB die geänderte Klassendefinition nicht für neue Objekte übernehmen, und es erscheint beim Aufruf des Konstruktors die Fehlermeldung:

```
Warning: The class file for 'Auto' has been changed; but the change cannot be
applied because objects based on the old class file still exist...
```

Falls im Workspace noch Objekte einer Klasse angelegt sind, hat MATLAB sich deren Klassenbeschreibung gemerkt. Eine Änderung der Klassendatei darf sich nicht auf bestehende Objekte auswirken, da diese damit wahrscheinlich inkompatibel sind. Deshalb übernimmt MATLAB die Änderungen erst dann, wenn alle alten Objekte gelöscht sind.

Beherzigen wir dies, bevor wir unser nächstes Auto-Objekt erzeugen:

```
>> clear all
>> HH_BT_21 = Auto( 'VW_Golf', 2010 );
>> whos HH_BT_21
  Name       Size     Bytes  Class
  HH_BT_21   1x1        102  Auto
```

Das klappt alles noch wie vorher. Versuchen wir nun, den Wert der Eigenschaft *geschwindigkeit* auszulesen:

```
>> v = HH_BT_21.geschwindigkeit
You cannot get the 'geschwindigkeit' property of Auto.
```

Der Zugriff auf die Variable *geschwindigkeit* ist nicht mehr möglich, so wie wir es ja auch gewünscht hatten.

Kann man das Auto noch beschleunigen?

```
>> HH_BT_21 = HH_BT_21.beschleunigen( 40 );
```

Dabei gab es zumindest keine Fehlermeldung. Aber wie schnell ist das Auto jetzt? Direkt können wir die Eigenschaft *geschwindigkeit* nicht mehr aufrufen. Aber wir werden im nächsten Abschnitt die Methode *disp* als weitere Schnittstelle einbauen, die uns nähere Informationen zu einem Auto-Objekt liefern kann, unter anderem den Wert der Geschwindigkeit:

```
>> disp( HH_BT_21 )
Objekt der Klasse Auto:
   typ = VW_Golf;
   geschwindigkeit = 40;
```

Wenn Ihre Klasse sowohl private als auch öffentliche Eigenschaften bekommen soll, müssen Sie dies in zwei separaten Blöcken vereinbaren. Nehmen wir an, Sie führen eine weitere Eigenschaft für Ihr Auto ein, nennen wir diese Eigenschaft *rufname*. Hierfür bekommt die *classdef*-Beschreibung einen neuen Block:

Listing 3.4 Weitere öffentliche Eigenschaften der Klasse *Auto*

```
% Öffentliche Eigenschaften
properties ( Access = public )
  rufname = '';
end
```

Überprüfen wir, ob wir diese neue Eigenschaft direkt zuweisen und auslesen können:

```
>> HH_BT_21.rufname = 'Theodor';
>> rn = HH_BT_21.rufname
rn = Theodor
```

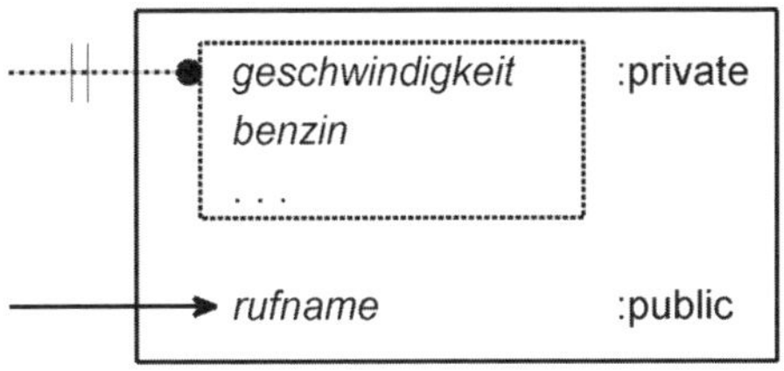

Bild 3.2 Kein Zugriff auf private Eigenschaften

Dies ist möglich, da die Eigenschaft *rufname* als *public* vereinbart wurde, im Gegensatz zur privaten Eigenschaft *geschwindigkeit*.

Eine Übersicht über alle öffentlich zugänglichen Eigenschaften liefert die MATLAB-Funktion *properties*. Sie ist sowohl für Objekte wie *HH_BT_21* gedacht:

```
>> properties( HH_BT_21 )
Properties for class Auto:
    rufname
```

als auch für Klassen, wobei dazu beim Aufruf der Klassenname, hier „*Auto*", in Anführungszeichen gesetzt werden muss:

```
>> properties( 'Auto' )
Properties for class Auto:
    rufname
```

MATLAB erlaubt noch weitere Spezifikationen des Zugriffs auf Eigenschaften, beispielsweise das Attribut *GetAccess*, das den Lesezugriff steuert, oder das Attribut *SetAccess*, das für das Ändern der Eigenschaft zuständig ist. Bei der Behandlung der abstrakten Klassen werden wir dem Attribut *Abstract* begegnen, als:

```
methods ( Abstract = true )
```

3.3 Methoden

Einsame Objekte, die keinerlei Kontakt zu ihrer Umgebung haben, solche Objekte sind für Anwendungen uninteressant. Objekte sollten miteinander in Beziehung stehen. Sie sollten auf **Nachrichten** *(messages)* reagieren, die sie von anderen Objekten zugeschickt bekommen. Beispielsweise reagiert ein Auto auf die „Nachricht", dass das Gaspedal vom Fahrer durchgetreten wurde.

In der OOP wird die Reaktion (Antwort) auf eine Nachricht durch den Aufruf einer speziellen Methode realisiert. Die zugehörige Funktion enthält den Algorithmus, der als Reaktion auszuführen ist. Die Methoden bestimmen dadurch das Verhalten der Objekte. Sie definieren, welche Veränderungen erfolgen sollen.

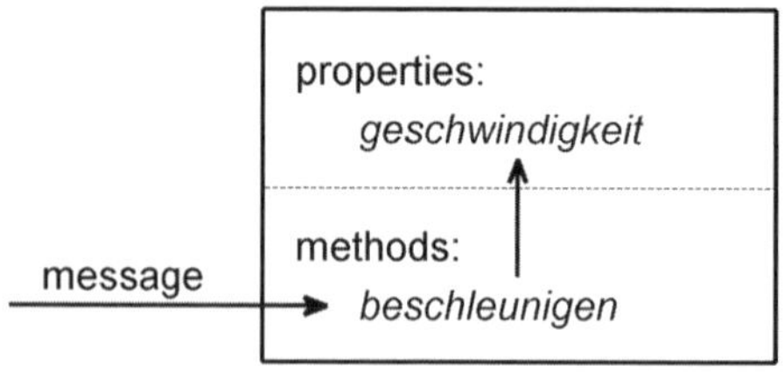

Bild 3.3 Message an die Schnittstelle *(interface)*

In unserer Beispielklasse hatten wir die Methode *beschleunigen* vorgesehen, als Reaktion auf das Drücken des Gaspedals. Durch das Beschleunigen wird die Geschwindigkeit des Autos um einen gewissen Betrag erhöht, was im Objekt zu einer Änderung der Objekt-Variablen *geschwindigkeit* führt, in unserem Beispiel um den Betrag, der als Eingangsparameter *wie_viel* beim Aufruf der Methode übergeben wird.

In der *classdef*-Beschreibung stehen Methoden im Block *methods.*

Listing 3.5 Methoden-Block der Klasse *Auto*

```
classdef Auto
  ...
  methods
    % Methode beschleunigen
    function obj = beschleunigen( obj, wie_viel )
      neueGeschwindigkeit = obj.geschwindigkeit + wie_viel;
      obj.geschwindigkeit = neueGeschwindigkeit;
    end
  end  % methods
end
```

Methoden sind Funktionselemente einer Klasse. Sie sehen formal genauso aus wie eine gewöhnliche Funktion, die Sie in einem M-File abgelegt haben. Die Funktionsdefinition für die Methoden startet mit dem Schlüsselwort *function*. Danach kommen, wie gewohnt, der Rückgabeparameter, der Funktionsname und die Übergabeparameter. Der einzige Unterschied zu normalen Funktionen ist, dass Methoden innerhalb der *classdef*-Spezifikation im Block *methods* stehen. Außerdem müssen alle Funktionen mit dem Schlüsselwort *end* abgeschlossen werden.

Eine Methode ist also immer einer Klasse zugeordnet. Und zum Aufruf der Funktion benötigen wir ein Objekt dieser Klasse, das im Funktionskopf als erster Eingangsparameter *obj* auftaucht. Danach können weitere Parameter folgen, bei unserer Methode *beschleunigen* der Parameter *wie_viel*:

```
function obj = beschleunigen( obj, wie_viel )
```

Der Aufruf der Funktion kann auf zwei Arten geschehen. Einmal durch Übergabe des Objekts als erstem Parameter, also bei uns *HH_BT_21*, dem dann die weiteren Parameter folgen, hier der Wert 40 km/h:

```
>> HH_BT_21 = beschleunigen( HH_BT_21, 40 );
```

Aber meistens verwendet man für den Zugriff den **Punktoperator**. Beim Aufruf erscheint in diesem Fall in der Parameterliste nur noch der Wert 40 für *wie_viel*, aber nicht mehr das Objekt selbst:

```
>> HH_BT_21 = HH_BT_21.beschleunigen( 40 );
```

Die Methode *beschleunigen* verändert den Zustand des Auto-Objekts *HH_BT_21*. Sie erhöht die Geschwindigkeit um einen gewissen Betrag, hier um 40 km/h.

Gewöhnliche MATLAB-Klassen kennen, im Gegensatz zu C++, weder Referenzen noch Zeiger. Die Übergabe von Daten erfolgt immer als Pass-by-Value. Das heißt, die in den Eingangsvariablen gespeicherten Werte wurden als Kopie an die Funktion übergeben. Sie können auf diesem Weg keine Daten an den Aufrufer zurückreichen. Dies gilt auch für das übergebene Objekt *obj*, das an erster Stelle in der Liste der Eingangsparameter steht. Deshalb ist es notwendig, dass die Methode nach Abschluss der Operation das veränderte Objekt über seinen Rückgabeparameter *obj* dem Aufrufer zurückgibt, also

```
function obj = beschleunigen( obj, wie_viel )
```

Der Aufrufer muss anschließend den Zustand seines Objekts aktualisieren, indem er der Objekt-Variablen, mit der die Methode aufgerufen wurde, das veränderte Objekt wieder zuweist. In unserem Beispiel erhält die Variable *HH_BT_21* die aktuelle Version des Autos durch die Zuweisung „`HH_BT_21 = ...`“.

! Im Abschnitt Handle-Klassen werden wir jedoch auch in MATLAB eine Art von Referenz kennenlernen, das Handle. Für Handle-Objekte entfallen die Rückgabe und die erneute Zuweisung nach einer Änderung. ■

Kommen wir zur ersten Methode in der *classdef*-Beschreibung, zu der Methode, die denselben Namen trägt wie die Klasse selbst, kommen wir zum **Konstruktor**:

Listing 3.6 Konstruktor der Klasse *Auto*

```
function obj = Auto( typ, baujahr )
  obj.typ = typ;
  obj.baujahr = baujahr;
  obj.kilometer = 0;          % 0 km
  obj.geschwindigkeit = 0;    % 0 km/h
  obj.benzin = 40;            % 40 Liter im Tank
end
```

Konstruktoren dienen dazu, Objekte vom Typ der zugehörenden Klasse zu erzeugen. Bei dieser Operation werden meist auch gleich die Daten der Klasse initialisiert.

In unserer Auto-Klasse erzeugen wir ein Objekt zum Beispiel mit folgendem Aufruf:

```
>> HH_BT_21 = Auto( 'VW_Golf', 2010 );
```

Der Konstruktor benötigt beim Aufruf explizit die Werte für die Eigenschaften *typ* und *baujahr* und übergibt sie durch die Zuweisungen „`obj.typ = typ;`" bzw. „`obj.baujahr = baujahr;`" dem Auto-Objekt *obj*. Die restlichen Eigenschaften werden automatisch belegt, also *kilometer* und *geschwindigkeit* mit null, und der Tank wurde mit 40 Liter *benzin* gefüllt.

Im Gegensatz zu anderen Methoden beginnt bei einem Konstruktor die Liste der Übergabeparameter nicht mit einem Objekt *obj*, sondern gleich mit normalen Parametern, hier *typ* und *baujahr*. Aufgabe des Konstruktors ist es ja gerade, ein Objekt der Klasse zu erzeugen und es an den Aufrufer im Rückgabeparameter *obj* zu liefern, der dies einer Variablen zuweist, in unserem Fall der Variable mit dem Namen *HH_BT_21*. Vor dem Konstruktor-Aufruf gibt es das Objekt *HH_BT_21* noch gar nicht und konnte deshalb auch nicht an den Konstruktor übergeben werden.

Ein Konstruktor hat immer das Attribut *public*. Er ist die Schnittstelle zur Erzeugung des Objekts und hat Zugriff auf die privaten Datenelemente, die im Objekt abgelegt sind. In unserem Fall kann er beispielsweise *typ* und *baujahr* verändern, um den einzelnen Objekten ihre typischen Eigenschaften zu verpassen.

Die verschiedenen Objekte einer Klasse unterscheiden sich in ihrem Zustand, also in den Werten ihrer Eigenschaften. Sie verfügen jedoch über die gleichen Methoden und haben die gleichen Variablen zur Beschreibung der Eigenschaften. Es ist wie im realen Leben: Die Autos sind verschieden, aber in der Bedienung ähneln sie sich. Das Gaspedal ist bei allen an der gleichen Stelle, und wenn man es niederdrückt, wird das Auto schneller. Um wie viel schneller? Das hängt nun wieder vom Zustand ab, primär von der Motorleistung – doch die hatten wir in unserem einfachen Modell gar nicht als Eigenschaft berücksichtigt.

Zwei Methoden haben wir jetzt für unsere Klasse *Auto* vorgestellt, die Funktionen *beschleunigen* und den Konstruktor. Diese beiden waren *public* und dienten als Schnittstelle nach außen, um das Auto zu bedienen bzw. um es überhaupt erst zu erzeugen. Man kann in einer Klasse auch private Methoden definieren. Dies sind Hilfsfunktionen, die nur von den Methoden desselben Objekts verwendet werden dürfen, um beispielsweise im Code häufig vorkommende Operationen an eine zentrale Stelle auszulagern.

Und wir hatten eine weitere Schnittstellenfunktion vorgesehen, die Methode *disp*, die dem Benutzer Informationen über den Zustand des Autos liefert und die ebenfalls im öffentlichen Block *methods* steht. Direkt dürfen wir ja nicht auf die privaten Eigenschaften des Objekts zugreifen, sondern nur über eine Schnittstelle:

Listing 3.7 Methode *disp* der Klasse *Auto*

```
function disp( obj )
  fprintf( 'Objekt der Klasse Auto: \n' );
  fprintf( '    typ = %s;\n', obj.typ );
  fprintf( '    geschwindigkeit = %g;\n', obj.geschwindigkeit );
end
```

Im Gegensatz zur Methode *beschleunigen* hat *disp* keinen Rückgabeparameter. Da *disp* das Objekt *obj* nicht verändert, muss diese Funktion nichts zurückgeben.

Die Methode *disp* kann jetzt mit unserem Auto-Objekt *HH_BT_21* aufgerufen werden:

```
>> disp( HH_BT_21 )
Objekt der Klasse Auto:
   typ = VW_Golf;
   geschwindigkeit = 40;
```

Doch Moment! Die Funktion *disp* wird bereits von MATLAB definiert. Beispielsweise zur Ausgabe von Text oder Zahlenwerten. Wenn man im aktuellen Verzeichnis von MATLAB in einem M-File eine Funktion anlegt, die denselben Namen hat wie eine in MATLAB integrierte Funktion, dann wird diese MATLAB-Funktion überdefiniert und ist nicht mehr verwendbar. Man sollte deshalb möglichst keinen M-File erzeugen, der denselben Namen trägt wie eine der MATLAB-Funktionen.

Doch wie ist dies bei den Methoden einer Klasse? Testen wir das Verhalten von *disp* für eine ganze Zahl, die wir in der int32-Variablen *x* ablegen:

```
>> x = int32( 5 );
>> disp( x );
    5
```

Die MATLAB-Funktion *disp* funktioniert weiterhin für die üblichen Datentypen. Dies liegt daran, dass der Name des M-Files der Klasse, hier *Auto*, nicht zu einer MATLAB-Funktion gehört. Nur der Name der Methode der Klasse, also *disp*, der ist identisch.

In der Klassendefinition darf man also Methoden anlegen, die denselben Namen tragen wie Methoden anderer Klassen. Dies gehört zu den Stärken der OOP. So können die unterschiedlichen Objekte je nach Datentyp auf ähnliche Nachrichten individuell reagieren. Die Funktion *disp* gibt beispielsweise für ganze Zahlen nur den Zahlenwert aus, während sie für Auto-Objekte weitergehende Informationen liefert, die der Programmierer selbst festgelegt hat. Erst zur Laufzeit wird anhand des Datentyps entschieden, welche Methode aufgerufen wird – hier unterscheidet auch MATLAB beim Funktionsaufruf zwischen den einzelnen Typen. Dieses Verhalten nennt man **späte Bindung**, also die Verknüpfung eines Methodenaufrufs mit dem Code einer Funktion.

Das **Überladen** einer Funktion, hier der Funktion *disp*, ist Teil der **Polymorphie**. Wir werden im Abschnitt Polymorphie noch eine andere Variante kennenlernen, das **Überschreiben** von geerbten Methoden.

Nun könnten wir unsere Auto-Klasse noch mit weiteren Methoden vervollständigen. In ihrer Art wären diese ähnlich wie *beschleunigen* und *disp*. Als Einführung sollte das aber erst einmal reichen.

Im M-File einer Klasse, bei uns der Datei „Auto.m", kann der *classdef*-Bereich *methods* mit den Funktionen recht lang und unübersichtlich werden. MATLAB bietet die Möglichkeit, Teile der Klassen-Definitionen in separate Dateien auszulagern.

Dazu muss der gesamte Code einer Klasse in ein **separates Verzeichnis** unterhalb des Arbeitsverzeichnisses liegen. Der Name des Verzeichnisses trägt den Namen der Klasse mit einem vorangestellten „@"-Zeichen, für unsere Auto-Klasse also der Ordner „@Auto". In diesem Verzeichnis liegt zuerst einmal die *classdef*-Datei, hier „Auto.m". Die einzelnen Methoden kann man dann in separate M-Files packen, die den Namen der jeweiligen Methode tragen, bei uns also „beschleunigen.m" und „disp.m". In der *classdef*-Datei muss nur noch die Signatur der Methoden stehen, jedoch ohne das Schlüsselwort *function*.

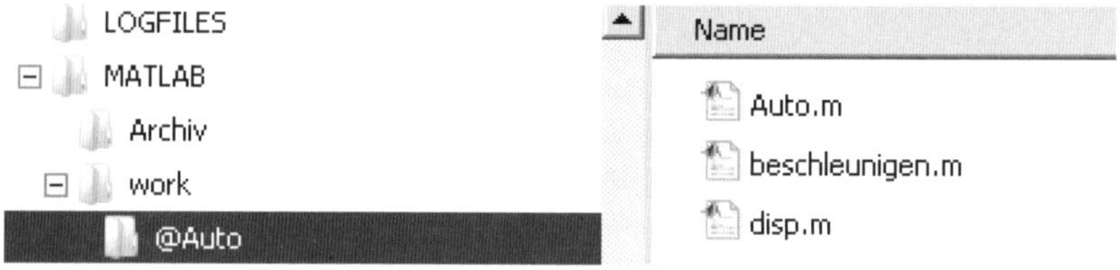

Bild 3.4 Unterverzeichnis „@Auto"

Für die Auto-Klasse haben wir im Verzeichnis „@Auto" als Erstes die Datei „Auto.m" mit der Klassenbeschreibung. Achten Sie auf die Deklaration der ausgelagerten Methoden *beschleunigen* und *disp* im Block *methods*:

Listing 3.8 *classdef*-Datei mit ausgelagerten Methoden

```
classdef Auto
  % Private Eigenschaften
  properties ( Access = private )
    typ = '';
    baujahr = 0;
    kilometer = 0;
    geschwindigkeit = 0;
    benzin = 0;
  end % properties
  % Methoden
  methods ( Access = public )
    % Konstruktor
    function obj = Auto( typ, baujahr )
      obj.typ = typ;
      obj.baujahr = baujahr;
      obj.kilometer = 0;         % 0 km
      obj.geschwindigkeit = 0;   % 0 km/h
```

```
      obj.benzin = 40;             % 40 Liter im Tank
    end
    % Deklaration der ausgelagerten Methoden, ohne function!
    obj = beschleunigen( obj, wie_viel );
    disp( obj );
  end  % methods
end
```

In der Datei „beschleunigen.m“, ebenfalls im Ordner „@Auto“, finden Sie die Definition der Methode *beschleunigen*:

Listing 3.9 Ausgelagerte Methode *beschleunigen*

```
function obj = beschleunigen( obj, wie_viel )
  neueGeschwindigkeit = obj.geschwindigkeit + wie_viel;
  obj.geschwindigkeit = neueGeschwindigkeit;
end
```

In der Datei „disp.m“ steht die Definition der Methode *disp*:

Listing 3.10 Ausgelagerte Methode *disp*

```
function disp( obj )
  fprintf( 'Objekt der Klasse Auto: \n' );
  fprintf( '   typ = %s;\n', obj.typ );
  fprintf( '   geschwindigkeit = %g;\n', obj.geschwindigkeit );
end
```

Zum Aufruf der Auto-Methoden müssen Sie in das Arbeitsverzeichnis gehen, in dem der Unterordner „@Auto“ liegt, nicht aber in den Unterordner selbst:

```
>> clear all
>> HH_BT_21 = Auto( 'VW_Golf', 2010 );
>> HH_BT_21 = HH_BT_21.beschleunigen( 40 );
>> disp( HH_BT_21 )
Objekt der Klasse Auto:
   typ = VW_Golf;
   geschwindigkeit = 40;
```

Es gibt jedoch ein paar Methoden, die nicht in externe Dateien ausgelagert werden können. Dazu zählt der Konstruktor, der bei unserer Auto-Klasse auch in der Datei „Auto.m“ geblieben ist.

3.4 Vererbung

Jetzt reicht es aber mit der „Propaganda“ für VW und die Auto-Industrie. Für die nächten Abschnitte werden wir uns ein anderes Beispiel suchen. Ein Beispiel aus der Geometrie. Aufgabe wird es sein, zweidimensionale Figuren zu zeichnen, also Linien, Rechtecke, Dreiecke etc.

Ähnlich wie bei unserer Auto-Klasse haben die unterschiedlichen Geometrietypen viele gemeinsame Eigenschaften, wie Position, Farbe, Linientyp. Und neben dem Konstruktor, der diese Objekte erzeugt, gibt es auch ähnliche Methoden, beispielsweise eine Methode *draw*, die das Geometrie-Objekt auf dem Bildschirm zeichnet oder eine Methode *move*, die das Objekt verschiebt. Außerdem machen Methoden Sinn, die Farbe oder Linientyp verändern.

Daneben gibt es aber auch Eigenschaften, in denen sich die Geometrie-Objekte unterscheiden. Das wäre zuerst einmal die Anzahl der geraden Linien, die man zum Zeichnen der Objekte benötigt. Beim Rechteck sind dies vier Linien, beim Dreieck drei. Wollte man all diese Spezialitäten in einer einzigen Klasse berücksichtigen, käme man um viele Fallunterscheidungen nicht herum. Andererseits ist es sicher auch kein guter Gedanke, für jeden Geometrietyp eine unabhängige Klasse zu entwerfen und all die Gemeinsamkeiten mehrfach zu programmieren.

Die OOP bietet für dieses Problem eine interessante Lösung: die **Vererbung**.

Man definiert zuerst eine **Basisklasse** (englisch *base class*), auch Vaterklasse (englisch *parent class*) oder *superclass* genannt – eine Klasse, die alle Gemeinsamkeiten der Objekte enthält. Von der Basisklasse werden die anderen Klassen abgeleitet. Dabei erben diese **abgeleiteten Klassen** (*derived classes*) die Eigenschaften und Methoden der Basisklasse.

Die Unterschiede legt man erst in der Definition der abgeleiteten Klasse fest. Diese Klassen werden auch Kinderklassen (englisch *child classes*) oder *subclasses* genannt. Auf diese Art erhält man eine Menge von ähnlichen Klassen, deren Unterschiede nur in Details liegen. Man erzeugt also neue Arten von Objekten auf der Basis bereits vorhandener Objektdefinitionen. Dabei können neue Teile hinzukommen und auch vorhandene Teile überschrieben werden. Diesen Vorgang nennt man **Spezialisierung**. Den umgekehrten Weg, also die Suche nach einer Basisklasse, bezeichnet man als **Generalisierung** (Verallgemeinerung).

Machen wir uns zuerst an die Definition der Basisklasse für die Geometrie-Objekte. Die Klasse soll den Namen *Shape* erhalten, als Referenz an das Buch von Bjarne Stroustrup.

Welche Eigenschaften haben alle Geometrie-Objekte gemeinsam?

Da wäre als Wichtigstes die Position in der Ebene, definiert durch einen Punkt mit den Koordinaten *x* und *y*. Dann gibt es noch weitere Dinge, wie die Farbe, die wir für unseren einfachen Entwurf aber erst einmal beiseitelassen.

Kommen wir zu den gemeinsamen Methoden: Da wäre der Konstruktor, die Methode *disp* zum Anzeigen der Eigenschaften und die Methode *move* zum Verschieben des Objekts um einen Betrag *dx* in die x- bzw. um *dy* in die y-Richtung. Da wir noch gar nicht wissen, welche Geometrie letzten Endes damit beschrieben werden soll, macht der Aufruf einer *draw*-Funktion keinen Sinn für ein Shape-Objekt.

Im M-File „Shape.m“ sieht die Klassenfestlegung damit folgendermaßen aus:

Listing 3.11 Klasse *Shape*

```
classdef Shape
  properties (Access = private)
    x = 0;
    y = 0;
  end  % properties
  methods
    function obj = Shape( x, y )
      obj.x = x;
      obj.y = y;
    end
    function disp( obj )
      fprintf( 'Shape-Pos. = (%g,%g) \n', obj.x, obj.y );
    end
    function obj = move( obj, dx, dy )
      obj.x = obj.x + dx;
      obj.y = obj.y + dy;
    end
  end  % methods
end
```

Erzeugen wir ein Shape-Objekt mit dem Namen *s* und lassen uns mit *disp* seine privaten Eigenschaften ausgeben:

```
>> s = Shape( 0, 0 );
>> disp( s )
Shape-Pos. = (0,0)
```

Das sieht richtig aus. Verschieben wir das Objekt um den Vektor (10, 20):

```
>> s = move( s, 10, 20 )
s =
Shape-Pos. = (10,20)
```

Beim Aufruf der Methode *move* haben wir vergessen, die Zuweisung der geänderten Objekt-Daten an die Variable *s* mit einem Semikolon abzuschließen.

Hier zeigt sich eine Besonderheit von MATLAB: Eine Zuweisung ohne abschließendes Semikolon gibt normalerweise den Inhalt der zugewiesenen Variablen auf dem Bildschirm aus. Ist jedoch zu einer selbst geschriebenen Klasse die Methode *disp* definiert, dann wird *disp* zur Ausgabe verwendet. In unserem Fall wird dadurch die geänderte Position angezeigt.

Die Definition der Basisklasse *Shape* wäre damit erst einmal abgeschlossen. Jetzt geht es an den Entwurf der abgeleiteten Klassen. Wir beginnen mit der Rechteck-Klasse *ShRect* und machen uns zu Beginn die Sache einfach:

Im M-File „ShRect.m“ legen wir fest, dass *ShRect* von *Shape* abgeleitet ist, fügen aber keinerlei weitere Eigenschaften oder Methoden hinzu, mit Ausnahme des Konstruktors *ShRect*, der ein Shape-Objekt an der Position (0, 0) erzeugt:

Listing 3.12 Erste Version der Klasse *ShRect*

```
classdef ShRect < Shape
  properties
  end  % properties
  methods
    function obj = ShRect()
      obj@Shape(0,0);
    end
  end  % methods
end
```

In der ersten Zeile der *classdef*-Spezifikation steht „`ShRect < Shape`“. Dies bedeutet, dass die neue Klasse *ShRect* von der Basisklasse *Shape* abgeleitet ist. Der darauf folgende Block *properties* von *ShRect* ist noch leer. Die neue Klasse hat bisher nur die Eigenschaften, die sie von ihrer Basisklasse *Shape* geerbt hat, also die beiden Positionswerte *x* und *y*.

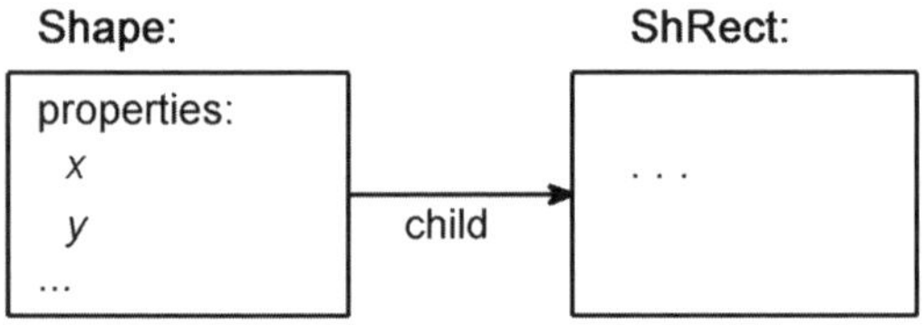

Bild 3.5 *ShRect* erbt Eigenschaften als *child* von *Shape*

Im Block *methods* taucht der Konstruktor *ShRect* auf, der das erzeugte Objekt *obj* als Ergebnis zurückgibt. Der Befehl „`obj@Shape`“ ruft den Konstruktor der Basisklasse *Shape* auf, hier mit den Argumenten $x = 0$ und $y = 0$. Damit wird ein Shape-Objekt erzeugt, dessen Eigenschaften und Methoden das ShRect-Objekt erbt.

Erzeugen wir ein ShRect-Objekt *r* und verschieben es anschließend um (5, 6):

```
>> r = ShRect();
>> disp( r )
Shape-Pos. = (0,0)
>> r = r.move(5,6)
r =
Shape-Pos. = (5,6)
```

Das Objekt *r* der ShRect-Klasse verhält sich also wirklich wie ein Shape-Objekt.

Im Konstruktor der abgeleiteten Klasse *ShRect* muss der Konstruktor der Basisklasse *Shape*, also „`obj@Shape(0,0)`“, vor der ersten Verwendung der Variablen *obj* aufgerufen werden, also beispielsweise vor einer Zuweisung „`obj.len = len;`“.

Der Aufruf von „`obj@Shape`“ darf auch nicht an eine Bedingung geknüpft sein. Insbesondere ist es nicht möglich, im Konstruktor *ShRect* mehrere Aufrufe von „`obj@Shape`“ einzubauen, also keinerlei Auswahl wie etwa „`if(...) obj@Shape(0,0); else obj@Shape(1,1); end`“.

Jetzt wird es aber Zeit, die Unterschiede in *ShRect* einzubauen.

Unser Rechteck bekommt als Eigenschaften zusätzlich die Länge *len* und die Breite *wid*. Damit kann man beim Zeichnen mit der Methode *draw* die Positionen der vier geraden Linien berechnen, die das Rechteck begrenzen. Die Position (*x*, *y*) soll sich dabei auf die linke, untere Ecke des Rechtecks beziehen:

Listing 3.13 Klasse *ShRect*

```
classdef ShRect < Shape
  properties (Access = private)
    len = 0;
    wid = 0;
  end   % properties
  methods
    function obj = ShRect(len,wid)
      obj@Shape(0,0);
      obj.len = len;
      obj.wid = wid;
    end
    function disp( obj )
      disp@Shape(obj);
      fprintf( 'Länge = %g, Breite = %g\n', obj.len,obj.wid );
    end
  end   % methods
end
```

Der Konstruktor übernimmt gleich die Werte für die Länge und Breite des Rechtecks und übergibt diese Daten an das ShRect-Objekt *obj*, nachdem dieses durch Aufruf des Shape-Konstruktors erzeugt wurde.

Testen wir die neue Variante der Klasse *ShRect*. Sie sollten vorher jedoch alle Objekte der Vorgängerversion aus dem Workspace löschen, am besten mit dem Befehl *clear all*:

```
>> clear all
>> r = ShRect(20,30);
>> disp( r )
Shape-Pos. = (0,0)
Länge = 20, Breite = 30
>> r = r.move(5,6)
r =
Shape-Pos. = (5,6)
Länge = 20, Breite = 30
```

Doch das Wichtigste in der Klasse *ShRect* fehlt noch: das Plotten des Rechtecks.

Hierfür erzeugen wir die neue Methode *draw*, die als Erstes die Positionen der Eckpunkte des Rechtecks berechnet. Der von Shape geerbte Punkt (*x*, *y*) soll in der linken, unteren Ecke des Rechtecks liegen. Die anderen Punkte sind im Abstand der Länge *len* bzw. der Breite *wid* davon entfernt. Die Variablen *x1*, *x2*, *y1*, *y2* enthalten die zugehörenden x- bzw. y-Werte. Da wir vier aneinander anschließende Linien zeichnen wollen, müssen für den *plot*-Aufruf die fünf Endpunkte festgelegt werden. Dies wird in den beiden Vektoren *x* und *y* getan, mit denen die MATLAB-Funktion *plot* aufgerufen wird. Der *axis*-Befehl am Ende dient dazu, etwas Platz um das gezeichnete Rechteck zu schaffen:

Listing 3.14 Methode *draw*

```
function draw( obj )
  x1 = obj.x;
  x2 = obj.x + obj.len;
  y1 = obj.y;
  y2 = obj.y + obj.wid;
  x = [x1,x2,x2,x1,x1];
  y = [y1,y1,y2,y2,y1];
  plot( x,y );
  axis( [x1-5,x2+5,y1-5,y2+5] );
end
```

Damit könnte das Zeichnen eigentlich funktionieren. Leider bekommen wir beim Aufruf von *draw* eine Fehlermeldung:

```
>> clear all
>> r = ShRect(20,30);
>> r.draw
No appropriate method, property, or field 'x' for class ShRect.
```

Unsere Funktion *draw* darf auf die Variable *x* der Basisklasse *Shape* nicht zugreifen. Richtig! Die Eigenschaft *x* war in *Shape* als *private* deklariert. Dadurch haben nur Methoden der Klasse *Shape* darauf Zugriff.

Eine Möglichkeit wäre, die Eigenschaften *x* und *y* von *Shape* als *public* zu deklarieren. Dann dürfte jedoch jeder darauf zugreifen, was nicht erwünscht ist.

Es gibt eine bessere Lösung:

Außer *public* oder *private* gibt es noch das Attribut *protected*, das den Zugriff sowohl für Objekte der Basisklasse als auch für alle davon abgeleiteten Klassen gestattet.

Wir müssen dazu den properties-Block der Klasse *Shape* abändern:

Listing 3.15 Attribut *protected*

```
classdef Shape
  properties (Access = protected)
    x = 0;
    y = 0;
  end
  ...
end
```

Jetzt klappt der Aufruf von *draw* für unser Rechteck:

```
>> clear all
>> r = ShRect(20,30);
>> r.draw
```

Und folgende Grafik erscheint auf dem Bildschirm:

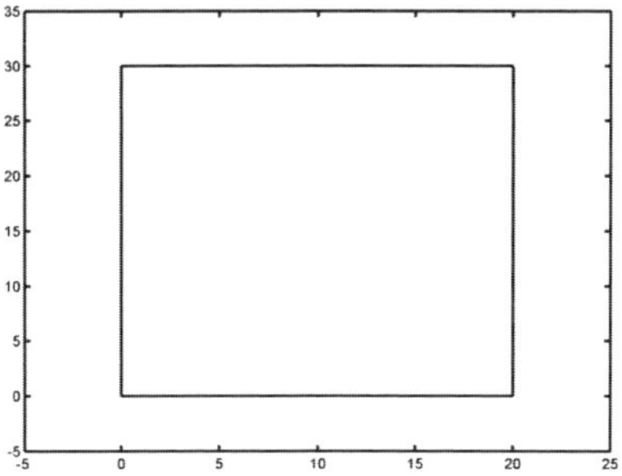

Bild 3.6 Objekt der Klasse *ShRect*

Die Klasse *ShRect* war die erste Klasse, die wir von der Basisklasse *Shape* abgeleitet haben. Aber wir wollen ja auch andere Geometrien zeichnen, zum Beispiel Dreiecke.

Hier folgt die Definition der abgeleiteten Klasse *ShTriang*. Ich hoffe, dass es Ihnen nicht allzu schwer fällt, den Programm-Code zu verstehen. Es gibt recht wenige Änderungen gegenüber der Klasse *ShRect*. Es ist ja gerade eine der Stärken der OOP, dass man bestehende Klassen abwandeln und verändern kann.

Die Eigenschaften Länge und Breite sind für das Dreieck analog definiert. Die Position (*x*, *y*) der Basisklasse *Shape* befindet sich wieder in der linken, unteren Ecke des Objekts. Zum Zeichnen werden diesmal jedoch nur drei gerade Linien benötigt, zu denen vier Endpunkte gehören:

Listing 3.16 Klasse *ShTriang*

```
classdef ShTriang < Shape
  properties (Access = private)
    len = 0;
    wid = 0;
  end  % properties
  methods
    function obj = ShTriang(len,wid)
      obj@Shape(0,0);
      obj.len = len;
      obj.wid = wid;
    end
    function disp( obj )
      disp@Shape(obj);
      fprintf( 'Länge = %g, Breite = %g\n', obj.len,obj.wid );
    end
    function draw( obj )
      x1 = obj.x;
      x2 = obj.x + obj.len;
      x3 = obj.x + obj.len/2;
      y1 = obj.y;
      y3 = obj.y + obj.wid;
      x = [x1,x2,x3,x1];
      y = [y1,y1,y3,y1];
      plot( x,y );
      axis( [x1-5,x2+5,y1-5,y3+5] );
    end
  end  % methods
end
```

Zeichnen wir diesmal mehrere Objekte. Zuerst das Rechteck mit der Länge von 20 und der Breite von 30. Anschließend ein kleineres Dreieck mit der Länge von 10 und der Breite von 10, das um (10, 5) verschoben wurde. Damit durch den *plot*-Aufruf nicht die vorherige Grafik gelöscht wird, müssen wir die *hold*-Funktion aktivieren:

```
>> clear all
>> figure
>> hold on
>> r = ShRect(20,30);
>> t = ShTriang(10,10);
>> t = t.move(10,5);
>> r.draw();
>> t.draw();
>> axis( [-5,25,-5,35] )
>> hold off
```

Dies führt zu folgender Grafik:

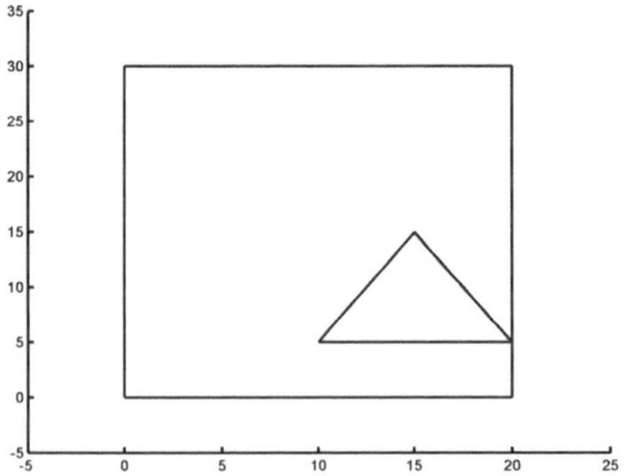

Bild 3.7 Objekte der Klassen *ShRect* und *ShTriang*

Abgeleitete Klassen können selbst wieder als Basisklasse für weitere Ableitungen dienen. So könnte man eine neue Klasse *FilledRect* für gefüllte Rechtecke definieren, die von *ShRect* abgeleitet ist und als weitere Eigenschaft eine Füllfarbe *color* besitzt:

Listing 3.17 Klasse *FilledRect*

```
classdef FilledRect < ShRect
  properties
    color = 'r';
  end   % properties
  methods
    function obj = FilledRect(len,wid,col)
      obj@ShRect(len,wid);
      obj.color = col;
    end
  end   % methods
end
```

Diese Abfolge von Vererbungen führt zu einer **Hierarchie** von Klassen, deren Abhängigkeiten man als Hierarchiebaum darstellt:

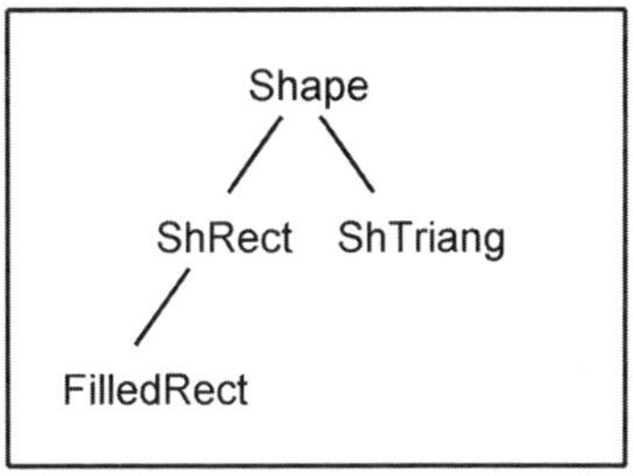

Bild 3.8 Klassen-Hierarchie

MATLAB erlaubt es auch, dass eine Klasse von **mehreren Basisklassen** abgeleitet wird. Diese Mehrfachvererbung erscheint in der *classdef*-Beschreibung als Deklaration mit einem „&"-Zeichen zwischen den beiden Basisklassen:

```
classdef Classname < BaseClass1 & BaseClass2
```

In unserem Beispiel könnte *BaseClass1* die Klasse *Shape* sein. Für *BaseClass2* könnte man eine Klasse entwerfen, die die weiteren Eigenschaften der Geometrie-Objekte verwaltet, wie Farbe, Linientyp etc. Die sonstigen Einträge zur abgeleiteten Klasse *Classname* werden wie gewohnt in der *classdef*-Beschreibung behandelt.

Im Konstruktor der Klasse *Classname* müssen die beiden Konstruktoren der Basisklassen nacheinander aufgerufen werden:

```
function obj = Classname( args1, arg2 )
  obj@BaseClass1( args1 );
  obj@BaseClass2( args2 );
  ...
```

3.5 Polymorphie, abstrakte Klassen

Ist Ihnen aufgefallen, dass ich im vorherigen Abschnitt in der Klasse *ShRect* die Methode *disp* der Basisklasse *Shape* überschrieben habe?

Listing 3.18 Überschriebene Methode *disp*

```
function disp( obj )
  disp@Shape(obj);
  fprintf( 'Länge = %g, Breite = %g \n', obj.len, obj.wid );
end
```

Mit dem Befehl „`disp@Shape(obj);`" wurde dabei zuerst der *disp*-Befehl der Basisklasse *Shape* aufgerufen, der die Position anzeigt. Danach gibt die *disp*-Methode von *ShRect* zusätzlich noch die Werte für Länge und Breite des Rechtecks auf dem Bildschirm aus.

Es kann zu einem Objekt *obj* mehrere Methoden mit derselben **Signatur** (Name, Anzahl und Typ der Eingangsparameter) geben. Beim Aufruf mit dem Objekt *obj* wird die Methode dieses Objekts verwendet, hier für ein Objekt *obj* vom Typ *ShRect*:

```
disp(obj);
```

Beim Zugriff auf eine Methode der Basisklasse von *obj* muss der Typ dieser Klasse explizit angegeben werden. Der Aufruf erfolgt in der Form „`baseMethod@BaseClass(obj);`“, hier für die Methode *disp* der Basisklasse *Shape* über das Objekt *obj* der abgeleiteten Klasse *ShRect*:

```
disp@Shape(obj);
```

Abgeleitete Objekte haben den Typ der Basisklasse geerbt. Sie sind damit nicht nur Objekte der eigenen Klasse, sondern ebenfalls Objekte der Basisklasse. Ein Objekt vom Typ *ShRect* ist gleichzeitig auch ein Objekt der Basisklasse *Shape*. Umgekehrt gilt das jedoch nicht. Ein Objekt vom Typ *Shape* ist nicht automatisch auch vom Typ *ShRect* - oder war es nicht doch *ShTriang*?

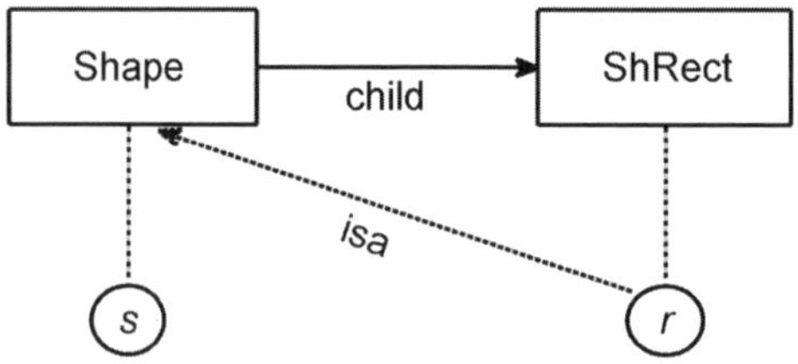

Bild 3.9 ShRect-Objekt *r* ist auch ein Shape-Objekt

Testen wir den Typ der Variablen *r*, *t* und *s*, die wir als Objekte unserer drei Geometrieklassen *ShRect*, *ShTriang* und *Shape* erzeugt haben. Die Funktion *isa* (Abfrage „ist ein“) gibt den Wert 1 zurück, wenn das Objekt vom abgefragten Typ ist, ansonsten 0.

```
>> r = ShRect(10,20);
>> t = ShTriang(5,5);
>> s = Shape(0,0);
>> isa( r, 'ShRect' )
ans = 1
>> isa( r, 'Shape' )
ans = 1
>> isa( r, 'ShTriang' )
ans = 0
>> isa( t, 'ShTriang' )
ans = 1
>> isa( s, 'Shape' )
ans = 1
>> isa( s, 'ShRect' )
ans = 0
```

Sie sehen, die Objekte *r* und *t* der abgeleiteten Klassen haben neben ihrer eigenen Klassenzugehörigkeit auch noch den Typ der Basisklasse *Shape* geerbt. Das Objekt *s* der Basisklasse *Shape* ist jedoch kein Objekt der abgeleiteten Klasse *ShRect*.

Das **Überschreiben** von geerbten Methoden, hier *disp*, ist ein wichtiger Bestandteil der Polymorphie und eine typische Eigenschaft der objektorientierten Programmierung. Wichtig ist dabei, dass die geerbte Methode die gleiche Signatur hat wie die Methode der Basisklasse, dass man also mit einem Objekt *obj* der abgeleiteten Klasse beide Methoden aufrufen kann, wie wir das bei *disp* gemacht haben.

Die OOP-Variablen können wegen der Polymorphie unterschiedliche Datentypen annehmen. Abhängig vom Zusammenhang stehen sie für Objekte verschiedener Klassen. In unserem Beispiel kann ein ShRect-Objekt auch als Shape-Objekt auftreten. Objekte verschiedener Klassen reagieren so auf unterschiedliche Weise auf die gleiche Nachricht, zum Beispiel mit *disp*. Welche Version der Methode gemeint ist, wird erst zur Laufzeit klar.

Im Abschnitt „Methoden" ist uns bereits das **Überladen** von Funktionen begegnet. Überladene Funktionen besitzen, im Gegensatz zu überschriebenen Methoden, zwar denselben Namen, haben jedoch unterschiedliche Signaturen. Wir haben dies bei den Methoden ebenfalls am Beispiel der Funktion *disp* gezeigt, und zwar an der MATLAB-Funktion *disp*, die eigentlich zur Ausgabe von ganzen Zahlen vom Typ *int32* oder für Texte gedacht ist.

Die Klasse *Shape* stellt eine eigene Funktion *disp* zur Verfügung, die nur für Objekte dieser Klasse gilt. Und für Objekte, die zu davon abgeleiteten Klassen gehören. Der Datentyp *int32* ist jedoch keine Basisklasse von *Shape*. Deshalb kann ein *Shape*-Objekt die int32-Version von *disp* gar nicht verwenden – welche ganze Zahl soll der Geometrie auch zugeordnet werden? Im Gegensatz zu einem *ShRect*-Objekt, das die Shape-Version von *disp* sehr wohl aufrufen kann. Hier macht es Sinn, da das *ShRect*-Objekt die Eigenschaften von *Shape* geerbt hat.

! MATLAB kennt bei der Deklaration von Funktionen normalerweise keine Typen. Die Ausnahme bildet der Bereich der Polymorphie. Hier unterscheidet MATLAB zwischen den Methoden anhand des ersten Eingangsparameters der Methodenfunktion (*leading parameter*). Dessen Typ ist entscheidend dafür, welche der Methoden mit demselben Namen aufgerufen wird (*method dispatching*).

Im Gegensatz zu anderen OOP-Sprachen, wie zum Beispiel C++, nimmt MATLAB jedoch keinerlei Rücksicht auf eventuell folgende Parameter und deren Typ. Deshalb muss der erste Parameter einer Methode immer das entsprechende Objekt *obj* der Klasse enthalten.

Auf diese Weise kann man in MATLAB zwar geerbte Methoden überschreiben, aber innerhalb einer Klasse nicht Methoden überladen, was bedeuten würde, dass es mehrere, verschiedene Methoden mit demselben Namen aber unterschiedlicher Signatur gibt.

Im Kapitel 4 werden wir aber sehen, wie man auch in MATLAB, mit Hilfe des *varargs*-Mechanismus, Methoden scheinbar überladen kann und damit verschiedene Konstruktoren für eine Klasse simuliert. ■

Wir hatten die Klassen *ShRect* und *ShTriang* von der Basisklasse *Shape* abgeleitet und konnten die Rechteck- und Dreieck-Objekte auch zeichnen. Auf der anderen Seite macht es eigentlich keinen Sinn, ein reines Shape-Objekt zu erzeugen.

Die Shape-Klasse ist etwas Abstraktes. Sie dient nur dazu, die gemeinsamen Eigenschaften der abgeleiteten Klassen zu verwalten. Mit einem Shape-Objekt selbst kann man nichts anfangen, schon gar nicht es zeichnen. Wenn dem so ist, dann sollte man dieses Verhalten auch in der Definition der Klasse berücksichtigen.

In der OOP gibt es dafür das Konzept der **abstrakten Klasse**.

Dies sind Klassen, die nur als Baupläne für Erweiterungen (abgeleitete Klassen) dienen, zu denen jedoch direkt keine Objekte erzeugt werden können. Abstrakte Klassen besitzen eine gewisse Menge von Eigenschaften (die nicht privat sein sollten) und stellen meist auch bereits eine Anzahl von Methoden zur Verfügung. Methoden, für die der Funktions-Code schon ausformuliert ist. Daneben sind aber auch Methoden denkbar, die zwar alle abgeleiteten Objekte benötigen, beispielsweise die Methode *draw* in unseren Geometrieklassen. Die Basisklasse weiß aber noch nicht, was so eine Methode im Einzelnen tun soll.

In diesem Fall kann die Basisklasse einen Platzhalter, eine **Schnittstelle**, für die Methode zur Verfügung stellen - eine **abstrakte Methode**, deren Name und Signatur deklariert wird, die jedoch in der Basisklasse noch keinen Funktions-Code besitzt.

Hier schlägt die Stunde der Polymorphie: Eine abgeleitete Klasse muss alle abstrakten Methoden überschreiben (konkretisieren), die in der Basisklasse deklariert wurden. Ansonsten wäre die abgeleitete Klasse ebenfalls abstrakt und nicht lebensfähig.

Eine abstrakte Basisklasse kann so, durch die Deklaration von abstrakten Methoden, zwingend vorgeben, welche Methoden die von ihr abgeleiteten Klassen ausformulieren müssen. Hat eine Klasse auch nur eine einzige abstrakte Methode, wird sie automatisch zu einer abstrakten Klasse.

Machen wir die Klasse *Shape* zur abstrakten Klasse, indem wir darin die bisher dort noch nicht vorhandene Funktion *draw* durch das MATLAB-Attribut *Abstract* als abstrakte Methode deklarieren. Der Code der Klasse *ShRect* bleibt dagegen, wie er war:

Listing 3.19 Abstrakte Methode *draw*

```
classdef Shape
  properties (Access = protected)
    x = 0;
    y = 0;
  end  % properties
  methods
    function obj = Shape( x, y )
      obj.x = x;
      obj.y = y;
    end
    function disp( obj )
      fprintf( 'Shape-Pos. = (%g,%g) \n', obj.x, obj.y );
    end
    function obj = move( obj, dx, dy )
      obj.x = obj.x + dx;
      obj.y = obj.y + dy;
    end
  end  % methods
  % Abstrakte Methode draw
  methods (Abstract)
    draw( obj );
  end  % methods (Abstract)
end
```

Testen wir, ob allein durch die Deklaration der abstrakten Methode *draw* die Erzeugung eines Objekts der nun abstrakten Klasse *Shape* verhindert wird:

```
>> s = Shape(0,0);
Error using Shape
Abstract classes cannot be instantiated.
Class 'Shape' defines abstract methods and/or properties.
>> r = ShRect(10,20);
>> r.draw
```

So soll es sein: Nur das abgeleitete ShRect-Objekt wird angelegt und kann anschließend durch den Aufruf von *draw* gezeichnet werden: Die in *Shape* noch abstrakte Methode *draw* wird in der Klasse *ShRect* überschrieben und dadurch realisiert, das heißt: dort mit Funktions-Code versehen.

3.6 Überladung von Operatoren

Im Abschnitt „Methoden" haben wir die MATLAB-Funktion *disp* überladen. Man kann aber nicht nur Funktionen überladen, sondern auch gewisse Operatoren, die eigentlich für mathematische Berechnungen gedacht sind.

Wir wollen in unserer Shape-Klasse den Multiplikations-Operator „*" überladen. Die Multiplikation eines Shape-Objekts mit einer Zahl soll sich in der Skalierung des Objekts niederschlagen. Hierzu führen wir im *properties*-Block die neue Variable *scale* ein, die mit dem Wert 1 initialisiert wird. Die abgeleiteten Klassen *ShRect* und *ShTriang* verwenden diese Variable, um die Werte für *len* und *wid* damit zu multiplizieren, also die Länge und Breite der Objekte mit diesem Skalierungsfaktor zu strecken.

Dieser erste Teil war noch einfach. Nun müssen wir als Zweites in der Klasse *Shape* eine Methode erzeugen, die den Skalierungsaufruf bearbeitet, also zum Beispiel eine Skalierung eines Rechtecks um den Faktor 5:

```
>> r = ShRect(3,4);
>> r = r * 5;
```

Zu jedem zugelassenen mathematischen Operator hat MATLAB einen Funktionsnamen definiert, der bei der zugehörenden Operation aufgerufen wird. Hier ein Teil der Liste:

Operator	Name der Methode
+ (Addition)	plus(a, b)
– (Subtraktion)	minus(a, b)
* (Multiplikation)	mtimes(a, b)

In der *classdef*-Beschreibung der Klasse *Shape* definieren wir im *properties*-Block die neue Variable *scale*, die wir mit dem Wert 1 initialisieren:

```
scale = 1;
```

Zu den Methoden kommt die neue Funktion *mtimes*, die die Variable *scale* ändert, wenn das Objekt mit einer Zahl multipliziert wird:

Listing 3.20 Methode *mtimes* zum Skalieren

```
function obj = mtimes(obj,scale)
  obj.scale = obj.scale * scale,
end
```

Die eigentliche Skalierung der Geometrie mit dem Faktor *scale* erfolgt erst in den *draw*-Funktionen der abgeleiteten Klassen, hier am Beispiel der Klasse *ShRect*:

Listing 3.21 Methode *draw* mit Skalierung

```
function draw( obj )
  x1 = obj.x;
  x2 = obj.x + obj.len * obj.scale;   % Skalierung
  y1 = obj.y;
  y2 = obj.y + obj.wid * obj.scale;   % Skalierung
  x = [x1,x2,x2,x1,x1];
  y = [y1,y1,y2,y2,y1];
  plot( x,y );
  axis( [x1-5,x2+5,y1-5,y2+5] );
end
```

Testen wir dies Verhalten, indem wir ein Rechteck skalieren:

```
>> clear all
>> figure
>> hold on
>> r = ShRect(8,5);
>> t = ShTriang(10,10);
>> r.draw();
>> t.draw();
>> r = r * 3;
>> r.draw();
>> hold off
```

Die Grafik zeigt, dass die Operation erfolgreich war:

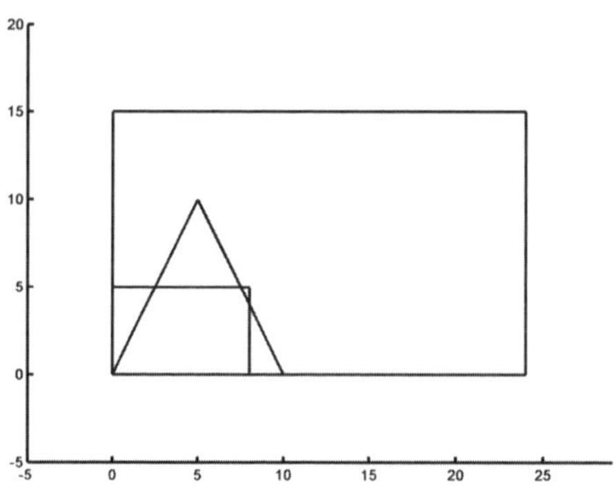

Bild 3.10 Skaliertes Rechteck

Doch etwas stört: Beim Neuzeichnen der Objekte bleibt die alte, kleinere Rechteck-Geometrie weiterhin sichtbar. Besser wäre es, wenn die alte Grafik gelöscht würde.

Um Kontrolle über die von uns erzeugten MATLAB-Linien zu bekommen, müssen wir uns bei jedem *draw*-Aufruf die erzeugten Geometrie-Handles merken. Wir definieren dazu in der Klasse *Shape* die Variable *hnd* im Block *properties*, die wir mit der leeren Menge vorbelegen:

```
hnd = [];
```

In der Klasse *ShRect* merken wir uns in der Methode *draw* das Handle, das beim Aufruf der *plot*-Funktion zu den erzeugten Linien vergeben wurde:

```
obj.hnd = plot( x,y );
```

Da die Funktion *draw* etwas verändert, nämlich den Wert von *hnd*, muss diese Funktion das geänderte Geometrie-Objekt zurückliefern. Wir passen also in allen drei Geometrieklassen (*Shape, ShRect, ShTriang*) die Signatur von *draw* an:

```
function obj = draw( obj )
```

Jetzt bleibt noch das Löschen der Linien, falls bereits welche erzeugt wurden. Hierzu erstellen wir die Funktion *clear* in der Klasse *Shape*:

Listing 3.22 Methode *clear* in der Klasse *Shape*

```
function obj = clear( obj )
  if( ~isempty(obj.hnd) && ishandle(obj.hnd) )
    delete( obj.hnd );
    obj.hnd = [];
  end
```

Diese Funktion testet mit *isempty*, ob die Variable noch keinen Wert besitzt. Wenn bereits Linien gezeichnet wurden, ist dies nicht Fall. Zusätzlich testet die Funktion *ishandle*, ob die Geometrie in MATLAB noch existiert, und nicht beispielsweise das Grafikfenster per Hand geschlossen wurde. Dann werden mit dem Befehl *delete* die Linien gelöscht und die Variable *hnd* wieder mit der leeren Menge belegt, da es jetzt ja keine Linien mehr gibt.

Die Methode *clear* wird im letzten Schritt in den abgeleiteten Klassen *ShRect* und *ShTriang* zu Beginn jedes *draw*-Aufrufs eingebaut:

Listing 3.23 Methode *draw* mit Aufruf von *clear*

```
function obj = draw( obj )
  obj = clear( obj );
  x1 = obj.x - obj.len*obj.scale/2;
  ...
```

Das war's! Jetzt können wir unsere neuen Methoden testen. Vergessen Sie nach jedem *draw*-Aufruf nicht, sich das zurückgegebene Objekt in der Variablen, hier *r*, zu merken:

```
>> clear all
>> figure
>> hold on
>> r = ShRect(8,5);
>> r = r.draw();
>> r = r*2;
>> r = r.draw();
>> r = r.clear();
```

Mit der Methode *clear* ist es auch möglich, die Linien des Rechtecks explizit zu löschen, wie nach dem letzten Aufruf eingebaut.

3.7 Handle-Klassen

Handles verweisen auf ein erzeugtes Objekt. Mit einem Handle kann man Objekte beeinflussen, zum Beispiel erzeugte Linien löschen, wie das im letzten Abschnitt anhand von Grafik-Handles demonstriert wurde.

> Ein Handle spielt in MATLAB eine ähnliche Rolle wie in C++ eine Referenz bzw. ein Zeiger, zum Beispiel in der Verwendung von Function-Handles zur Übergabe von Funktionen. Man sollte die Ähnlichkeit jedoch nicht überstrapazieren – ein Handle ist nicht eine Referenz im Sinne von C++. Handles sind in MATLAB nur für ganz spezielle Fälle vorgesehen. Sie können zum Beispiel *double*-Daten nicht als Referenz an eine Unterfunktion übergeben.

MATLAB kennt zwei Arten von Klassen: **Value-Klassen** und **Handle-Klassen**. Bisher hatten wir uns nur mit den Value-Klassen beschäftigt. Diese Klassen enthalten hauptsächlich Datenwerte (*values*) und sind für abstrakte Objekte gedacht, beispielsweise für mathematische Berechnungen oder für die Daten (Namen und Anschrift) in einem Adressformular. Handle-Klassen dagegen verweisen auf reale Objekte, wie zum Beispiel auf Autos, die eindeutig identifiziert werden können. Das unterschiedliche Verhalten der beiden Klassen wird besonders bei Kopier- oder Übergabeoperationen sichtbar:

Wenn ich in einem Textverarbeitungsprogramm die Daten für einen Adressaufkleber eingegeben habe, kann ich diese Daten kopieren, um daraus einen zweiten Aufkleber für eine weitere Adresse zu erstellen. Diese zweite Adresse hat dieselbe Form, sollte aber im Inhalt unabhängig von der ersten sein. Hierfür ist eine Value-Klasse geeignet.

Wird bei einer Polizeikontrolle ein Auto angehalten, dann besorgen sich die Beamten über ihren Computer die für dieses Fahrzeug gespeicherten Daten, beispielsweise anhand des eindeutigen Kennzeichens. Überprüft eine andere Polizeistreife am nächsten Tag dasselbe Fahrzeug, dann werden wieder die Daten vom Zentralrechner abgefragt. Das Kennzeichen ist die eindeutige Referenz, und die zugehörigen Daten müssen sich exakt auf dasselbe Fahrzeug beziehen. Hat die Streife am Vortag die Daten durch einen Eintrag geändert, dann muss die zweite Streife diesen Eintrag ebenfalls sehen. Die Polizeistreifen dürfen nicht auf unabhängigen Datensätzen arbeiten. Für solche Fälle ist eine Handle-Klasse geeignet.

Bauen wir diese beiden Klassen in MATLAB nach. Als erstes die Value-Klasse *PersData* für die Personendaten eines Adressaufklebers:

Listing 3.24 Value-Klasse *PersData*

```
classdef PersData
  properties
    name    = '';
    vorname = '';
    ...
  end  % properties
end
```

Als Zweites erzeugen wir für den Polizeirechner die Handle-Klasse *AutoData*, die unter anderem den Namen des Fahrzeughalters und dessen Punkte in Flensburg enthalten soll:

Listing 3.25 Handle-Klasse *AutoData*

```
classdef AutoData < handle
  properties
    name   = '';
    punkte = 0;
  end  % properties
end
```

Handle-Klassen sind abgeleitet von der (abstrakten) Klasse *handle*. Objekte einer Handle-Klasse sind keine unabhängigen Datensätze, sondern Referenzen auf ein eindeutiges, reales Objekt. Ansonsten ist der Aufbau ähnlich wie der einer Value-Klasse.

Den Unterschied bemerkt man jedoch beim Verändern von Kopien. Erzeugen wir als Erstes ein *PersData*-Objekt *v1* für eine Adresse:

```
>> v1 = PersData()
v1 =
  PersData with properties:
     name: ''
    vname: ''
```

Für eine zweite Person machen wir es uns zu Beginn einfach und kopieren die Daten der Adresse der ersten Person, um sie nachträglich zu verändern:

```
>> v2 = v1
v2 =
  PersData with properties:
     name: ''
    vname: ''
```

Jetzt tragen wir für die erste Adresse den Namen in das zugehörige Feld ein:

```
>> v1.name = 'Meyer'
v1 =
  PersData with properties:
     name: 'Meyer'
    vname: ''
```

Durch diese Änderung werden die Daten der zweiten Person nicht verändert:

```
>> v2
v2 =
  PersData with properties:
     name: ''
    vname: ''
```

Anders verhalten sich Objekte einer Handle-Klasse. Erzeugen wir ein *AutoData*-Objekt *h1*:

```
>> h1 = AutoData()
h1 =
  AutoData with properties:
      name: ''
    punkte: 0
```

Erstellen wir eine Kopie von *h1* – ähnlich wie wir es im Fall der Value-Klasse getan haben. Diese Kopie könnte beispielsweise die zweite Polizeistreife angefordert haben:

```
>> h2 = h1
h2 =
  AutoData with properties:
      name: ''
    punkte: 0
```

Nun tragen wir für das erste Handle-Objekt *h1* den Namen ein und erhöhen die Zahl der Punkte um 3:

```
>> h1.name = 'Meyer'
h1 =
  AutoData with properties:
      name: 'Meyer'
    punkte: 0
>> h1.punkte = h1.punkte + 3
h1 =
  AutoData with properties:
      name: 'Meyer'
    punkte: 3
```

Wenn wir die Daten von *h2* abfragen, sehen wir, dass sich auch in der Kopie *h2* die Werte geändert haben:

```
>> h2
h2 =
  AutoData with properties:
      name: 'Meyer'
    punkte: 3
```

Es war ja jedes Mal dasselbe Auto. Deshalb ist dieses Verhalten des Handle-Objekts genau das, was wir wünschen.

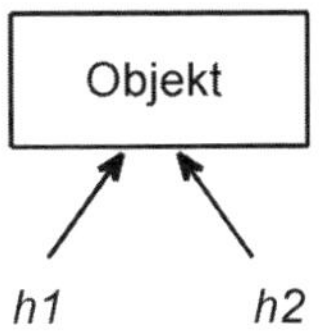

Bild 3.11 Handles *h1* und *h2* referenzieren dasselbe Objekt

Die Objekte einer Value-Klasse verhalten sich dagegen ähnlich wie normale MATLAB-Variablen, beispielsweise wie ganzzahlige Daten vom Typ *int32*:

```
>> x = int32( 8 );
>> y = x;
```

Diese numerischen Daten sind nicht einem realen Objekt zugeordnet. Sowohl für *x* als auch für die Kopie *y* wird ein separater Speicherplatz reserviert. Die beiden Datensätze sind unabhängig. Eine nachträgliche Änderung von *x* verändert nicht den Wert von *y*:

```
>> x = x + 1
x = 9
>> y
y = 8
```

Eine Möglichkeit, die beiden Datensätze abhängig zu machen, könnte man durch das Zurückspeichern des Objekts nach der Änderung erreichen:

```
>> y = x
y = 9
```

So ein Verfahren ist jedoch aufwendig und fehleranfällig, da man das Aktualisieren des Objekts nie vergessen darf.

Dieses Rückspeichern des veränderten Objekts ist uns auch bereits in unserer Auto-Klasse begegnet. Die Methode *beschleunigen* verändert die Daten des Auto-Objekts *obj* und muss deshalb das veränderte Objekt als Funktionswert wieder zurückgeben:

Listing 3.26 Value-Klassen-Methode mit Rückgabe

```
function obj = beschleunigen( obj, wie_viel )
  obj.geschwindigkeit = obj.geschwindigkeit + wie_viel;
  ...
```

Bei Handle-Klassen ist das anders. Deren Objekte beziehen sich immer auf ein eindeutiges reales Objekt. Deshalb müssen Methoden einer Handle-Klasse ein verändertes Objekt nicht zurückgeben.

Schreiben wir die Auto-Klasse in eine Handle-Klasse um und fügen auch gleich eine weitere Methode *verbrauchen* ein:

Listing 3.27 Handle-Klassen-Methode ohne Rückgabe

```
classdef Auto < handle
  properties ( Access = public )
    benzin = 0;
  end  % properties public
  properties ( Access = private )
    typ = '';
    baujahr = 0;
    kilometer = 0;
    geschwindigkeit = 0;
  end  % properties private
  % Methoden
  methods ( Access = public )
    % Konstruktor
    function obj = Auto( typ, baujahr )
      obj.typ = typ;
      obj.baujahr = baujahr;
      obj.kilometer = 0;            % 0 km
      obj.geschwindigkeit = 0;      % 0 km/h
      obj.benzin = 40;              % 40 Liter im Tank
    end
    function beschleunigen( obj, wie_viel )
      obj.geschwindigkeit = obj.geschwindigkeit + wie_viel;
    end
    function disp( obj )
      fprintf( 'Objekt der Klasse Auto: \n' );
      fprintf( ' typ = %s\n', obj.typ );
      fprintf( ' geschwindigkeit = %g\n', obj.geschwindigkeit);
      fprintf( ' benzin = %g\n', obj.benzin );
    end
    function verbrauchen( obj, wie_viel )
      obj.benzin = obj.benzin - wie_viel;
    end
  end  % methods
end
```

Als Value-Klasse hatte die Methode *beschleunigen* die Form

```
function obj = beschleunigen( obj, wie_viel )
```

Eine Handle-Klasse muss das veränderte Objekt *obj* nicht mehr zurückgeben, denn es ist ja eindeutig. Der Rückgabewert *obj* fehlt jetzt in *beschleunigen*:

```
function beschleunigen( obj, wie_viel )
```

Testen wir das Verhalten der Handle-Objekte:

```
>> a = Auto( 'VW', 2014 )
a = Objekt der Klasse Auto:
 typ = VW;
 geschwindigkeit = 0;
 benzin = 40;
>> a.beschleunigen( 20 )
>> a.verbrauchen( 37 )
```

```
>> a
a = Objekt der Klasse Auto:
  typ = VW;
  geschwindigkeit = 20;
  benzin = 3;
```

Das Auto-Objekt *a* hat sich also die veränderten Daten gemerkt, obwohl wir beim Aufruf der Methoden das Objekt nicht explizit zurückgegeben und überschrieben haben.

Doch wann sollte man Handle-Klassen verwenden, wann Value-Klassen?

Handle-Klassen eignen sich beispielsweise für Grafik-Objekte und für Objekte, die physikalische Geräte repräsentieren, wie USB-Ports, Drucker oder für Knoten in Listen.

Value-Objekte verwendet man dagegen für Werte von Berechnungen und für Objekte, von denen man unabhängige Kopien erzeugen möchte, wie beispielsweise für Serienbriefe.

3.8 Ereignisse

Dieser Abschnitt beschäftigt sich mit der Kommunikation zwischen einzelnen Objekten. Hierbei spielt die Idee des Ereignisses (*events*) eine zentrale Rolle.

Nehmen wir unser Auto. Dieses Auto kommuniziert mit dem Fahrer, indem es ihm gewisse Ereignisse meldet, durch eine Warnleuchte zum Beispiel den Fall, dass das Benzin im Tank knapp wird.

In der Sprache der Programmierung ist der Fahrer ein *Listener*. Jemand, der einem anderen Objekt, hier dem Auto, zuhört. Tritt das Ereignis ein, wird eine bestimmte Aktion durchgeführt – ein Lämpchen leuchtet auf oder eine Meldung erscheint auf dem Display.

Wir müssen vier Schritte durchführen, um Ereignisse in den Code einzubauen:

1. ein mögliches Ereignis (*event*) in der Handle-Klasse Auto spezifizieren;
2. eine weitere Handle-Klasse für den Fahrer erzeugen, der auf das Ereignis hört;
3. eine Funktion schreiben, die bei dem eingetretenen Ereignis aufgerufen wird;
4. das Ereignis, wenn es eingetreten ist, dem *Listener* melden.

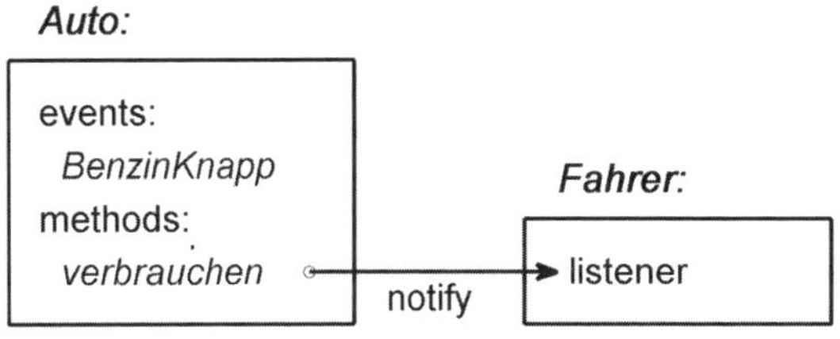

Bild 3.12 Ereignis (*event*) als Nachricht an den „*Listener*"

In unserer Klasse *Auto* definieren wir daher als Erstes das mögliche Ereignis 'BenzinKnapp' in der *classdef*-Beschreibung im neu eingerichteten Block *events*:

Listing 3.28 Auto-Klasse mit *events*-Block

```
classdef Auto < handle
  properties
    ...
  end  % properties
  events
    BenzinKnapp
  end  % events
  methods
    ...
  end  % methods
end
```

Als Nächstes erzeugen wir eine weitere Handle-Klasse *Fahrer*, die den Fahrer des Autos repräsentieren soll. Im Konstruktor dieser Klasse wird dem Fahrer-Objekt das zugehörende Auto-Objekt im Eingangsparameter *autoObj* übergeben:

Listing 3.29 Klasse *Fahrer* als Listener

```
classdef Fahrer < handle
  properties
    lObj = [];    % Listener-Objekt
  end  % properties
  methods
    function obj = Fahrer( autoObj )
      lObj = addlistener( autoObj, 'BenzinKnapp', @dispMsg );
    end
  end  % methods
end
```

Der Fahrer soll auf Meldungen seines Autos hören, er ist ein Listener. Diese Zuordnung vermittelt die Funktion *addlistener*, deren erstes Argument das Objekt spezifiziert, auf das der Fahrer achten soll. In unserem Fall ist es das Auto-Objekt *autoObj*, mit dem der Fahrer fährt. Das Auto kann jedoch mehrere, unterschiedliche Ereignisse produzieren. Deshalb gibt das zweites Argument an, welches Event der Auto-Klasse gemeint ist, hier das Ereignis 'BenzinKnapp'.

Wenn das Benzin knapp geworden ist, soll sich das Auto bemerkbar machen. In unserem Fall wird mit *fprintf* eine einfache Meldung „Achtung: ...“ auf dem Bildschirm ausgegeben. Den Meldungsaufruf packen wir in die Funktion *dispMsg* im M-File „dispMsg.m“.

Listing 3.30 Meldungsfunktion *dispMsg*

```
function dispMsg( obj, evtdata )
  fprintf( 'Achtung: Nur noch %g Liter Benzin!\n', obj.benzin);
end
```

Der Callback-Funktion *dispMsg* erhält als erstes Argument das Objekt *obj*, das das Ereignis produziert hat, hier das Auto-Objekt, dessen (öffentliche) Eigenschaft *benzin* wir in *fprintf* für die Ausgabe auf dem Bildschirm verwenden.

Diese Art von Funktionen, die als Reaktion auf Ereignisse aufgerufen werden, nennt man Callback-Funktionen. Das Function-Handle „@dispMsg“ bekommt *addlistener* als drittes Argument übergeben.

Die Funktion *addListener* gibt das Handle auf den erzeugten Listener zurück. Wir merken uns dieses Handle-Objekt vom Typ *event.listener* in der Objekt-Variablen *lObj*. Im nächsten Abschnitt werden wir auf dieses Handle zugreifen, um den Listener zu entfernen.

In der Liste der Aufgaben fehlt als Letztes noch die Erzeugung des Ereignisses selbst und die Meldung an den Fahrer. In unserem Beispiel soll das Auto die Funktion *dispMsg* aufrufen, wenn das Benzin im Tank unter fünf Liter gesunken ist. Diese Kontrolle bauen wir in die Methode *verbrauchen* der Klasse *Auto* ein:

Listing 3.31 Meldung zum Ereignis mittels *notify* verschicken

```
function verbrauchen( obj, wie_viel )
  obj.benzin = obj.benzin - wie_viel;
  if( obj.benzin < 5 )
    % Meldung zum Ereignis verschicken
    notify( obj, 'BenzinKnapp' );
  end
end
```

Ist der Wert der Eigenschaft *obj.benzin* kleiner als 5, dann meldet das Auto das Ereignis an alle Listener. Dazu dient die Funktion *notify*, die als zweites Argument den Typ des Ereignisses angibt, hier 'BenzinKnapp'.

Testen wir unseren Code, indem wir ein Auto-Objekt *aObj* und ein Fahrer-Objekt *fObj* erzeugen. Dem Fahrer-Objekt *fObj* wird im Konstruktor mitgeteilt, welches Auto-Objekt er verwendet, hier *aObj*:

```
>> aObj = Auto( 'VW', 2014 );
>> fObj = Fahrer( aObj );
```

Wenn wir anschließend (von den anfangs vorhandenen 40 Litern) 37 Liter verbrauchen, erscheint automatisch die von der Funktion *dispMsg* erzeugte Meldung an den Fahrer, da das Benzin unter 5 Liter gesunken ist:

```
>> aObj.verbrauchen( 37 );
Achtung: Nur noch 3 Liter Benzin!
```

3.9 Destruktor

Die zentrale Methode einer Klasse ist der Konstruktor, zum Beispiel die Methode *Auto* der Klasse *Auto*. Für Handle-Klassen gibt es eine weitere, wichtige Methode – den **Destruktor**, für den in MATLAB der Name *delete* vorgesehen ist. Während der Konstruktor aufgerufen wird, um ein Objekt zu erzeugen, dient der Destruktor dazu, das Objekt wieder zu entfernen und um dabei Aufräumarbeiten durchzuführen. Denken Sie an ein reales Auto. Wenn Sie dieses stilllegen, dann führt das auch zu einigen Aktionen, wie der Abmeldung beim TÜV und bei der Versicherung.

Den Destruktor können Sie über die Methode *delete* aufrufen und damit die zugehörenden Objekte entfernen. In den meisten Fällen müssen Sie selbst jedoch keine expliziten Aufräumarbeiten durchführen. Die Objekt-Variablen, die der Konstruktor angelegt hat, werden durch die Zerstörung des Objekts automatisch aus dem Speicher entfernt, beispielsweise wenn Sie die Funktion (den „Scope") verlassen, in dem die Objekte als lokale Variablen gehalten wurden.

Manche Klassen benötigen jedoch Resourcen, die wieder freigegeben werden sollten, wenn das Objekt nicht mehr existiert. Beispielsweise könnte der Konstruktor eine spezielle Datei öffnen und sich den File-Identifier in der Variablen *fid* merken, damit andere Methoden mit der Datei arbeiten können. Aufgabe des Destruktors wäre es, diese Datei mit dem Befehl *fclose* zu schließen.

In diesem Fall könnte die Destruktor-Methode im Block *methods* wie folgt aussehen:

Listing 3.32 Destruktor für eine File-Klasse

```
function delete( obj )
  fclose( obj.fid );
end
```

Spielen wir noch etwas mit dem Beispiel des vorherigen Kapitels herum. Wir hatten ein Auto-Objekt *aObj* und ein Fahrer-Objekt *fObj* erzeugt. Das Fahrer-Objekt enthält einen Listener, dem das Auto-Objekt einen zu geringen Benzinstand meldet.

Was geschieht, wenn wir den Fahrer entfernen und weiterhin Benzin verbrauchen?

```
>> clear fObj
>> aObj.verbrauchen( 1 );
Achtung: Nur noch 2 Liter Benzin!
```

Das ist nicht das Verhalten, was wir wünschen. Ohne einen Fahrer sollte auch kein Listener mehr existieren.

Enthält eine Klasse einen Listener, kann man ihn durch den Aufruf seines Destruktors entfernen. Wir hatten uns nach dem Aufruf von *addlistener* das Handle auf den Listener in der Objekt-Variablen *lObj* gemerkt. Beim Löschen des Fahrer-Objekts *obj* müssen wir dafür sorgen, dass der folgende Befehl aufgerufen wird:

```
delete( obj.lObj );
```

Jedes Handle-Objekt erbt von seiner Basis-Klasse die Destruktor-Methode *delete*, die beim Löschen des Objekts automatisch aufgerufen wird. Wenn wir beim Löschen selbst noch weitere Operationen durchführen möchten, dann können wir die *delete*-Methode in unserer Klasse überschreiben.

Für unsere Fahrer-Klasse soll der Destruktor das Listener-Objekt entfernen und zur Kontrolle auch noch mit *fprintf* eine Meldung auf dem Bildschirm ausgeben:

Listing 3.33 Destruktor entfernt Listener

```
function delete( obj )
  delete( obj.lObj );
  fprintf( 'Fahrer und Listener entfernt. \n' );
end
```

Testen wir, was jetzt beim Löschen des Fahrer-Objekts geschieht:

```
>> aObj = Auto( 'VW', 2014 );
>> fObj = Fahrer( aObj );
>> aObj.verbrauchen( 37 );
Achtung: Nur noch 3 Liter Benzin!
>> clear fObj
Fahrer und Listener entfernt.
>> aObj.verbrauchen( 1 );
```

Wie gewünscht, kam beim Löschen der Fahrer-Variablen *fObj* die Meldung „Fahrer und Listener entfernt.“ und beim Verbrauch eines weiteren Liters Benzin meldete sich der entfernte Listener nicht mehr.

Anstelle des Kommandos „`clear fObj`“ hätten wir den Destruktor der Fahrer-Klasse auch direkt aufrufen können, also

```
delete( fobj )
```

beziehungsweise

```
fObj.delete
```

Der Destruktor-Aufruf „`delete( fObj );`“ entfernt zwar das Objekt. Die zugehörige Variable im Workspace, hier *fObj*, wird jedoch nicht gelöscht. Jeder Zugriff darauf führt anschließend zu einer Warnmeldung:

```
>> fObj
fObj = handle to deleted Fahrer
```

In MATLAB sind Destruktoren nur für Handle-Klassen vorgesehen. Für ein Value-Objekt, beispielsweise zur Klasse *PersData*, können Sie keinen Destruktor aufrufen:

```
>> v1 = PersData()
>> v1.delete
No appropriate method, property, or field 'delete' for class PersData.
```

3.10 Attribute: *Constant, Static*

Durch Attribute können Sie das Verhalten von Eigenschaften und Methoden beeinflussen.

In den vorherigen Abschnitten haben wir bereits das Attribut *Access* kennengelernt, das mit den Werten *private, public* oder *protected* den Zugriff auf Daten und Funktionen steuert, beispielsweise in der Klasse *Auto*:

Listing 3.34 Attribut *Access private* und *public*

```
classdef Auto < handle
  properties ( Access = public )
    benzin = 0;
  end
  properties ( Access = private )
    typ = '';
    baujahr = 0;
    ...
  end
  ...
end
```

Constant ist ein weiteres Attribut, mit den Werten *true* oder *false.* Eine konstante Eigenschaft ist für alle Zeit fest vorgegeben und kann nicht durch Aufrufe verändert werden.

Listing 3.35 Attribut *Constant*: konstante Eigenschaften

```
classdef PConst
  properties (Constant)
    c = 2.9979e8;   % Lichtgeschwindigkeit in m/s
    h = 6.626e-34;  % Planck´sches Wirkungsquantum in Js
  end
end
```

Der vollständige Ausdruck für konstante Eigenschaften lautet eigentlich

```
properties (Constant = true)
```

Die Angabe von *true* ist aber nicht zwingend erforderlich, da die bloße Angabe des Attributs *Constant* gleichbedeutend mit *true* ist. Lässt man das Attribut ganz weg, gilt als Voreinstellung der Wert *false.*

Konstante Eigenschaften haben für alle Objekte der Klasse denselben Wert. Deshalb benötigt man zur Abfrage konstanter Eigenschaften nicht notwendigerweise ein spezielles Objekt. Man kann konstante Werte auch direkt über die Klasse, hier *PConst,* aufrufen:

```
>> h = PConst.h
h = 6.6260e-34
>> fprintf( 'Lichtgeschw. = %.3e/h \n', PConst.c )
Lichtgeschw. = 2.998e+08 m/h
```

Natürlich ist es auch zulässig, Objekte der Klasse *PConst* zu erzeugen und sich von ihnen die konstanten Werte geben zu lassen:

```
>> obj = PConst;
>> obj.c
ans = 299790000
```

Im obigen Beispiel hatten wir mit Hilfe konstanter Eigenschaften feste Größen definiert.

Es gibt eine weitere Möglichkeit, feste Daten direkt von einer Klasse zu holen, ohne vorher ein Objekt zu erzeugen. Hierfür existiert das Methoden-Attribut *Static*.

Listing 3.36 Attribut *Static*: statische Methoden

```
classdef PStatic
  methods (Static)
    function r = c()      % Lichtgeschwindigkeit
      r = 2.9979e8;       % m/s
    end
    function r = h()      % Planck´sches Wirkungsquantum
      r = 6.626e-34;      % Js
    end
  end
end
```

Aufrufe direkt von der Klasse *PStatic* könnten wie folgt lauten:

```
>> h = PStatic.h
h =  6.6260e-34
>> fprintf( 'Lichtgeschw. = %.0f m/s \n', PStatic.c )
Lichtgeschw. = 299790000 m/s
```

Aber es ist eigentlich unnötig, für die Abfrage von Konstanten eine eigene Methode zu schreiben. Methoden dienen typischerweise dazu, etwas zu berechnen, beispielsweise die Umrechnung von Euro zu Dollar mit einem übergebenen Wechselkurs.

Listing 3.37 Klasse *Convert*

```
classdef Convert
  methods (Static)
    % Umrechnung Euro -> Dollar
    function d = euro2dollar( e, kurs )
      d = e * kurs;
    end
    % Umrechnung Dollar -> Euro
    function e = dollar2euro( d, kurs )
      e = d / kurs;
    end
  end  % methods
end
```

Testen wir unsere Umrechnungsfunktionen für einen Wechselkurs von 1.3 Dollar pro Euro, jeweils für die Einzahlung von einem Euro bzw. einem Dollar:

```
>> kurs = 1.3;
>> d = Convert.euro2dollar( 1, kurs )
d = 1.3000
>> e = Convert.dollar2euro( 1, kurs )
e = 0.7692
```

3.11 Aufzählungen (*enumeration*)

Mit Hilfe konstanter Eigenschaften können wir uns einzelne, konstante Datenwerte merken. Manche Anwendungen benötigen aber eine Liste von Werten. Denken Sie zum Beispiel an die Wochentage So, Mo, ... Sa. Zur Verwaltung solcher Aufzählungen dient der Block *enumeration* in einer *classdef*-Beschreibung.

Erstellen wir eine Klasse für die Wochentage:

Listing 3.38 Klasse *Wochentage*

```
classdef Wochentage
  enumeration
    So
    Mo
    Di
    Mi
    Do
    Fr
    Sa
  end   % enumeration
end
```

Elemente einer Aufzählung können ebenfalls, wie konstante Eigenschaften oder statische Methoden, ohne die Verwendung eines Objekts direkt von der Klasse abgefragt und auch verglichen werden.

```
>> d1 = Wochentage.So;
>> d2 = Wochentage.Mi;
>> d3 = Wochentage.So;
>> (d1 == d2)
ans = 0
>> (d1 == d3)
ans = 1
```

Wir könnten zur Klasse *Wochentage* nun viele Methoden hinzufügen, die alle möglichen Anwendungen zu Wochentagen abdecken. Dies widerspricht jedoch der Idee der Objektorientierung. Klassen sind dazu gedacht, in mehreren Anwendungen wiederverwendet zu werden. Deshalb sollten Sie Ihre Klassen möglichst **einfach** halten, sie nicht mit Funktionalität überladen, die in den meisten Anwendungen nicht benötigt werden.

Wenn Sie für ein Projekt eine ganz spezielle Funktionalität zu einer Klasse benötigen, ist es oft besser, Sie schreiben dazu eine Hilfsfunktion (*helper function*), beispielsweise zu den Wochentagen eine Funktion, die den deutschen Klartext zum Tag zurückliefert, also zum Beispiel zu *Wochentage.Mi* den Text „Mittwoch“:

Listing 3.39 Hilfsfunktion *getWochentag*

```
function str = getWochentag( wtag )
  str = '';
  switch( wtag )
    case Wochentage.So
```

```
      str = 'Sonntag';
    case Wochentage.Mo
      str = 'Montag';
    ...
  end
end
```

Testen wir unsere Hilfsfunktion am Objekt *d2*:

```
>> str = getWochentag( d2 )
str = Mittwoch
```

Richtig, *d2* bezog sich auf einen Mittwoch.

3.12 Pakete, Verzeichnisse, Namensbereiche

In größeren Projekten, an denen mehrere Entwickler und eventuell auch mehrere Firmen beteiligt sind, wird die Anzahl der Klassen im Laufe der Zeit inflationär wachsen. Hier stellt sich die Frage, wie man die Übersicht behält und dies alles vernünftig organisiert, auch im Hinblick auf die Gefahr, dass verschiedene Personen Klassen erzeugen, die denselben Namen tragen.

Im Abschnitt „Methoden" haben wir bereits eine Möglichkeit kennengelernt, wie man mehrere Dateien, die zu einer einzigen Klasse gehören, in ein separates Verzeichnis packen kann. Das Verzeichnis trägt den Namen der Klasse mit einem vorangestellten „@"-Zeichen, also beispielsweise „@Auto" für die Klasse *Auto*. In diesem Verzeichnis befindet sich der M-File, hier die Datei „Auto.m", mit der *classdef*-Beschreibung und dem Konstruktor und einem eventuell vorhandenen Destruktor. Die Definition weiterer Methoden können Sie jedoch in separate M-Files packen, deren Dateiname mit dem Namen der Methode identisch ist, also zum Beispiel die Methode *beschleunigen* in der Datei „beschleunigen.m" im Verzeichnis „@Auto". Im *classdef*-File steht als Schnittstellenbeschreibung nur die Signatur der Methode, nicht jedoch ihre Implementation.

In einem Klassen-Verzeichnis, wie „@Auto", dürfen jedoch nur Dateien zu einer einzigen Klasse liegen. Wollen Sie mehrere Klassen oder auch Funktionen zu einer Bibliothek zusammenfassen, dann müssen Sie daraus ein Paket (*package*) machen.

In MATLAB sind *packages* spezielle Verzeichnisse, die mit einem **„+"-Zeichen** beginnen. In diesem Verzeichnis dürfen *classdef*-Dateien und M-Files mit normalen Funktionen liegen, aber auch Klassen-Verzeichnisse und andere Pakete. Das oberste Paket-Verzeichnis muss im aktuellen Arbeitsbereich liegen oder in den MATLAB-Pfaden eingetragen sein.

Erzeugen wir ein Paket mit dem Namen *paket1*, das eine einfache Klasse *K1* und die normale Funktion *sqrt* enthalten soll. Wir benötigen dazu das Verzeichnis „+paket1" direkt unter dem Arbeitsverzeichnis. In das Verzeichnis „+paket1" legen wir die Datei „K1.m", die die Beschreibung der Klasse *K1* enthält:

Listing 3.40 Klasse *K1* im Paket *paket1*

```
classdef K1
  properties
    d = [];
  end  % properties
  methods
    function obj = K1()
      obj.d = 0;
    end
  end  % methods
end
```

Zusätzlich kommt in „+paket1" noch die Datei „sqrt.m" mit unserer Version der Wurzelfunktion *sqrt*, die vor der Operation testet, ob der Eingabewert negativ ist:

Listing 3.41 Funktion *sqrt* im Paket *paket1*

```
function w = sqrt( x )
  if( x < 0 )
    w = 0;
  else
    w = sqrt(x);
  end
end
```

Außerdem haben wir noch eine beliebige weitere Klasse *ClassV* definiert, deren Dateien im Unterverzeichnis „@ClassV" liegen.

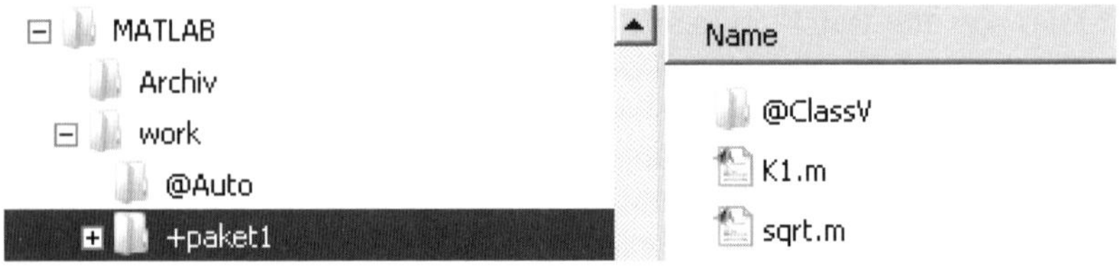

Bild 3.13 Paket-Unterverzeichnis „+paket1"

Hiermit ist das Paket *paket1* definiert. Kommen wir nun zur Anwendung.

Man kann auf ein Mitglied eines Pakets zugreifen, indem man vor den eigentlichen Aufruf den Namen des Pakets setzt.

Versuchen wir es mit der Erzeugung eines Objekts der Klasse *K1* aus dem Paket *paket1*:

```
>> obj = paket1.K1()
obj = K1 with properties:
    d: 0
```

Der Konstruktor-Aufruf hat geklappt. Nun können wir, wie gewohnt, mit dem Objekt *obj* weiterarbeiten:

```
>> obj.d = -4
obj = K1 with properties:
    d: -4
>> w = sqrt( obj.d )
w = 0.0000 + 2.0000i
```

Die Wurzel aus -4 ergibt die komplexe Zahl $2i$, berechnet von der MATAB-Funktion *sqrt*.

Aber wir hatten im Paket *paket1* doch eine eigene Wurzelfunktion definiert, die keine komplexen Zahlen erzeugen soll. Zum Aufruf unserer sqrt-Funktion müssen wir den Namen des Pakets vor den Aufruf setzen:

```
>> w = paket1.sqrt( obj.d )
w =  0
```

Nun werden negative Eingaben abgefangen und der Wert 0 wird zurückgegeben.

Pakete definieren einen **Namensbereich** (*namespace*) für ihre Mitglieder. Wenn die Mitglieder eines Teams jeweils unterschiedliche Pakete entwickeln, können dadurch Namenskollisionen verhindert werden. Die Eindeutigkeit der Namen ist nur innerhalb eines Pakets notwendig.

Welche Mitglieder ein Paket enthält, erfahren Sie durch den Aufruf der MATLAB-Funktion *what*:

```
>> what paket1
MATLAB Code files in folder C:\MATLAB\+paket1
K1   sqrt
Classes in folder C:\MATLAB\+paket1
ClassV
```

Manchmal ist es lästig, wenn man vor jeden Aufruf von Mitgliedern eines Pakets explizit den Paketnamen setzen muss. Diesen Schreibaufwand kann man abkürzen, indem man die Inhalte von Paketen „importiert“. Hierzu dient der Befehl *import*. Sie können einzelne Klassen aus einem Paket importieren:

```
>> import paket1.K1
>> obj = K1()
obj = K1 with properties:
    d: 0
>> obj.d = -4
obj = K1 with properties:
    d: -4
>> w = sqrt( obj.d )
w = 0.0000 + 2.0000i
```

MATLAB verwendet hierfür die eigene sqrt-Funktion, da wir unsere sqrt-Funktion nicht importiert haben.

Sie können aber auch das gesamte Paket importieren, indem Sie den Platzhalter „*“ (Wildcard) verwenden:

```
>> import paket1.*
>> w = sqrt( obj.d )
w = 0
```

Nun kommt unsere sqrt-Funktion zum Einsatz. Die Funktion *which* gibt Antwort, welche Funktion von MATLAB aufgerufen wird, falls es Namenskonflikte geben sollte:

```
>> which sqrt
C:\MATLAB\+paket1\sqrt.m  % static method or package function
```

Mit dem Befehl *clear* können Sie *import*-Anweisungen im Command Window wieder aufheben:

```
>> clear import
>> which sqrt
built-in (C:\Program Files\MATLAB\...\elfun\@double\sqrt)
```

3.13 Fehlerbehandlung (Exceptions)

Bisher hatten wir angenommen, dass die Anwender unserer Programme genau wissen, was sie tun. Im Abschnitt „Ereignisse" hatten wir beispielsweise die Klasse *Fahrer* folgendermaßen definiert:

Listing 3.42 Klasse *Fahrer* ohne Fehlerbehandlung

```
classdef Fahrer < handle
  methods
    function obj = Fahrer( autoObj )
      addlistener( autoObj, 'BenzinKnapp', @dispMsg );
    end
  end  % methods
end
```

Der Konstruktor *Fahrer* erwartet als Übergabewert ein Auto-Objekt *autoObj*, um dieses dem Listener mittels der Funktion *addlistener* zu übergeben:

```
>> aObj = Auto( 'VW', 2014 );
>> fObj = Fahrer( aObj );
```

Wie verhält sich der Konstruktor aber bei Fehleingaben, zum Beispiel bei der Übergabe einer Zahl:

```
>> aObj = 8;
>> fObj = Fahrer( aObj );
Error using Fahrer (line 5)
Double input must be an HG handle
```

In Zeile fünf steht der Befehl *addlistener*, dem ein falsches Argument übergeben wurde, nämlich die Zahl 8. Für den Anwender ist die Fehlermeldung aber vollkommen unverständlich.

Und genau das ist das Thema dieses Abschnitts: Wie können wir das Programm dazu bringen, verständlich auf Fehler zu reagieren.

Als Erstes müssen wir die fehlerhaften Eingaben erkennen. Deshalb könnte eine verbesserte Version der Klasse *Fahrer* so aussehen:

Listing 3.43 Klasse *Fahrer*, mit leerem Objekt im Fehlerfall

```
classdef Fahrer < handle
  methods
    function obj = Fahrer( autoObj )
      % Check der übergebenen Daten
      if( isa( autoObj, 'Auto' ) )
        addlistener( autoObj, 'BenzinKnapp', @dispMsg );
      else
        fprintf( 'Eingabe-Fehler: Auto-Objekt erwartet\n' );
        obj = Fahrer.empty;
      end
    end
  end   % methods
end
```

Vor einer Verwendung der übergebenen Variablen *autoObj* haben wir mit Hilfe der Funktion *isa* getestet, ob diese auch vom richtigen Typ ist, also ein Objekt der Klasse *Auto*. Nur im positiven Fall wurde der Listener aktiviert.

Im Fehlerfall erhält der Anwender über *fprintf* eine Mitteilung, die verständlicher sein sollte, als die ursprüngliche MATLAB-Meldung. Die Anweisung „`obj = Fahrer.emtpy;`" sorgt zusätzlich dafür, dass der Konstruktor ein leeres Objekt vom Typ *Fahrer* zurückgibt.

Testen wir die fehlerhafte Eingabe noch einmal:

```
>> clear all
>> aObj = 8;
>> fObj = Fahrer( aObj );
Eingabe-Fehler: Auto-Objekt erwartet
>> fObj
fObj = 0x0 Fahrer array with no properties.
>> isempty(fObj)
ans = 1
```

Mit der Funktion *isempty* kann nach dem Konstruktor-Aufruf getestet werden, ob ein Fehler aufgetreten ist oder ob ein gültiges Objekt zur Verfügung steht.

Im Fehlerfall müsste man die aufrufende Funktion jetzt sofort beenden und eventuell auch noch alle weiteren, darüber liegenden – eine Modifikation des Programm-Codes, die meist ziemlich große Änderungen und Checks in vielen Programmdateien erforderlich macht.

Zum Glück gibt es eine bessere Lösung, mit solch schwerwiegenden Fehlern umzugehen: Man erzeugt sogenannte **Exceptions**, Ausnahme-Regelungen, die automatisch dafür sorgen, dass die aktuelle Funktion und alle darüber liegenden beendet werden.

Damit wäre unser Programm jedoch vollständig beendet, was nicht immer die sinnvollste Lösung ist. Normalerweise werden die Ausnahmen deshalb in einer höheren Schicht explizit abgefangen. Dadurch kann man dem Anwender die Möglichkeit bieten, auf den Fehler zu reagieren.

Die hierbei verwendete Nomenklatur ist die eines Ballspiels: Im Fehlerfall wirft man eine Exception (*throw*), die durch Programm-Code fliegt. Ein anderer fängt sie auf (*catch*) - oder auch nicht. Der Werfer hat dabei aber keinen speziellen Fänger im Blick. Er wirft aufs Geratewohl, will den Ball, sprich: die Verantwortung für den Fehler, nur loswerden.

Die einfachste Art einer Exception erzeugt man mit der Funktion *error*:

```
error( msgtext )
```

bzw.

```
error( msgID, msgtext, A1,...,An )
```

Die Variable *msgtext* enthält einen beliebig wählbaren Text, der den Fehler beschreibt. Dieser Text ist wie der Formatstring der Funktion *fprintf* aufgebaut. Er kann also auch Format-Anweisungen, wie „%s", enthalten. Die zugehörenden Daten, *A1*, ... *An*, stehen hinter *msgtext*.

Mit der optionalen Variablen *msgId* kann ein frei wählbarer Message-Identifier definiert werden. Er besteht aus zwei Wörtern, die durch einen Doppelpunkt getrennt sind, also beispielsweise „`Fahrer:argCheck`".

Der *error*-Aufruf bricht die Funktion ab und wirft eine Ausnahme. Wir bauen ihn in den Konstruktor der Klasse *Fahrer* ein, um auf einen Eingabefehler zu reagieren:

Listing 3.44 Klasse *Fahrer*, mit *error*-Aufruf im Fehlerfall

```
classdef Fahrer < handle
  methods
    function obj = Fahrer( autoObj )
      % Check der übergebenen Daten
      if( isa( autoObj, 'Auto' ) )
        addlistener( autoObj, 'BenzinKnapp', @dispMsg );
      % mit einer Exception aus der Funktion springen
      else
        error( 'Eingabe-Fehler: Auto-Objekt erwartet' );
      end
    end
  end  % methods
end
```

Nach dem Aufruf erscheint im Command-Window die von uns gewählte Fehlermeldung, aber auch noch ein Hinweis auf die fehlerhafte Zeile, mit der ein Anwender unseres Programms nichts anfangen kann:

```
>> fObj = Fahrer( 8 );
Error using Fahrer (line 9)
Eingabe-Fehler: Auto-Objekt erwartet
```

Wir haben die Exception ja auch nur fliegen lassen, ohne sie in einem sogenannten *catch*-Block aufzufangen. Die folgende Funktion zeigt, wie man eine Ausnahme entgegennehmen und auswerten kann.

Der problematische Befehl, hier der Konstruktor-Aufruf „`Fahrer(8)`“, muss dazu in einen *try*-Block gepackt werden. Tritt kein Fehler auf, macht das Programm hinter dem *end* weiter. Wird vom Fahrer-Aufruf jedoch eine Exception geworfen, landet man hinter dem *catch* und kann dort auf den Fehler reagieren.

In unserem Beispiel weisen wir *catch* die (beliebig bezeichenbare) Variable *err* zu:

```
catch err
```

Über diese Variable, hier *err*, hat man Zugriff auf Eigenschaften der Exception, wie *message* und den von uns nicht definierten *identifier*. Die Werte der Exception geben wir im *catch*-Block mit *fprintf* aus:

Listing 3.45 *try-catch*-Block für die Klasse *Fahrer*

```
function testErrorMsg()
  try             % Beginn des try-Blocks
    Fahrer( 8 );
  catch err       % Beginn des catch-Blocks
    fprintf( 'Msg: %s\n', err.message );
    fprintf( 'Id: %s\n', err.identifier );
    return;       % Funktion bei Fehler verlassen
  end
  % weitere Anweisungen im fehlerfreien Fall
end
```

Hiermit haben wir Kontrolle über den Fehlerfall:

```
>> testErrorMsg
Msg: Eingabe-Fehler: Auto-Objekt erwartet
Id:
```

Die Funktion *error* bietet eine verkürzte Form des Exception-Handlings in MATLAB. Sie bekommen mehr Flexibilität, wenn Sie sich eine eigene Exception zusammenbauen.

Dazu dient die MATLAB-Klasse *MException*. Der Konstruktor dieser Klasse erwartet analoge Parameter wie die Funktion *error*:

```
obj = MException( msgID, msgtext, A1,...,An )
```

Um eine Exception zu werfen, müssen Sie ein MException-Objekt erzeugen und dies der Funktion *throw* übergeben. Im *catch*-Block können Sie die übergebenen Daten wie bei der Funktion *error* abfragen:

Listing 3.46 *MException* für die Klasse *Fahrer*

```
classdef Fahrer < handle
  methods
```

```
    function obj = Fahrer( autoObj )
      % Check der übergebenen Daten
      if( isa( autoObj, 'Auto' ) )
        addlistener( autoObj, 'BenzinKnapp', @dispBenzinMsg );
      % mit throw eine Exception werfen
      else
        msgId   = 'Fahrer:argCheck';
        msgtext = 'Eingabe-Fehler: Auto-Objekt erwartet';
        exc = MException( msgId, msgtext );
        throw( exc );
      end
    end
  end   % methods
end
```

Wir testen unsere Exception mit der Funktion *testException* und lassen uns dabei die Eigenschaften von *err* auf dem Bildschirm ausgeben:

Listing 3.47 *try-catch*-Block für eine *MException*

```
function err = testException()
  try            % Beginn des try-Blocks
    Fahrer( 8 );
  catch err      % Beginn des catch-Blocks
    err          % Ausgabe der Eigenschaften von err
    return;      % Funktion bei Fehler verlassen
  end
  % weitere Anweisungen im fehlerfreien Fall
  err = MException.empty;
end
```

Im Command-Window erhalten wir so folgende Ergebnisse:

```
>> err = testException;
err = MException with properties:
    identifier: 'Fahrer:argCheck'
       message: 'Eingabe-Fehler: Auto-Objekt erwartet'
         cause: {}
         stack: [2x1 struct]
```

Die Variable *err* enthält die Informationen, die wir unserer selbst gebauten Exception mitgegeben haben. Die Komponente *stack* liefert zusätzliche Informationen, über wie viele Schritte die Exception geflogen ist. In unserem Fall gab es nur zwei Stationen:

```
>> err.stack(1)
ans =
    file: 'C:\MATLAB\works\Fahrer.m'
    name: 'Fahrer.Fahrer'
    line: 11
>> err.stack(2)
ans =
    file: 'C:\MATLAB\works\testException.m'
    name: 'testException'
    line: 4
```

Außer *throw* besitzt die Klasse *MException* noch weitere Methoden, beispielsweise *addCause*, um einen Grund für die Exception anfügen zu können. In unserem Fall war in *err* die Komponente *cause* leer.

Wichtig ist auch die Methode *rethrow*. Sie dient dazu, eine gefangene Exception weiterzuwerfen, falls der Fänger damit nichts anfangen kann. Typischerweise überprüft man in *catch* als Erstes den Identifier der Exception. In unserem Fall wäre es der Check, ob der Text in *err.identifier* mit der erwarteten Fehler-Id 'Fahrer:argCheck' übereinstimmt. Texte vergleicht man mit der Funktion *strcmp*.

Ist dies nicht der Fall, dann wird der Fehler mittels *rethrow* weitergereicht:

```
if( ~strcmp( err.identifier, 'Fahrer:argCheck' ) )
  rethrow( err );
end
```

Exceptions können Sie außerdem dadurch erweitern, indem Sie eine eigene Klasse definieren, die von *MException* abgeleitet ist:

Listing 3.48 Klasse *MyExcept*, abgeleitet von *MException*

```
classdef MyExcept < MException
  properties
    myMsg = '';
  end  % properties
  methods
    function obj = MyExcept( msgText )
      msgId = 'MyExcept:Msg';
      obj@MException( msgId, msgText );
      obj.myMsg = '';
    end
  end  % methods
end
```

In unserem Beispiel wurde *MException* um die Eigenschaft *myMsg* erweitert. Als *msgId* verwendeten wir 'MyExcept:Msg'. Vor dem Werfen der Exception kann man dem Objekt *exc* nun auch noch einen eigenen Text mitgeben:

Listing 3.49 Exception über *MyExcept*

```
classdef Fahrer < handle
  methods
    function obj = Fahrer( autoObj )
      % Check der übergebenen Daten
      if( isa( autoObj, 'Auto' ) )
        addlistener( autoObj, 'BenzinKnapp', @dispBenzinMsg );
      % mit throw eine eigene Exception werfen
      else
        msgtext = 'Eingabe-Fehler: Auto-Objekt erwartet';
        exc = MyExcept( msgtext );
        exc.myMsg = 'Listener erwartet Auto-Objekt.';
        throw( exc );
      end
    end
  end  % methods
end
```

Nach dem Fangen der Exception im *catch*-Block der Testfunktion *testException* wird uns auch der Text in *myMsg* mitgeteilt:

```
>> err = testMyExcept;
err =
  MyExcept with properties:
          myMsg: 'Listener erwartet Auto-Objekt.'
     identifier: 'MyExcept:Msg'
        message: 'Eingabe-Fehler: Auto-Objekt erwartet'
          cause: {}
          stack: [2x1 struct]
```

Dies soll hier als Überblick über die Klasse *MException* genügen. Weitere Informationen finden Sie in der MATLAB-Online-Hilfe.

Zum Schluss sei noch eine weitere, recht kompakte Funktion erwähnt, die ebenfalls eine Exception wirft:

```
assert( expression, 'msgtext' )
```

assert dient dazu, eine Vorbedingung (*expression*) zu testen. Ist diese Bedingung verletzt, dann wirft *assert* eine Exception und verwendet dafür den übergebenen *msgtext*:

Listing 3.50 Exception über *assert*

```
classdef Fahrer < handle
  methods
    function obj = Fahrer( autoObj )
      % Check und evtl. Exception
      assert( isa( autoObj, 'Auto' ), ...
        'Eingabe-Fehler: Auto-Objekt erwartet' );
      addlistener( autoObj, 'BenzinKnapp', @dispBenzinMsg );
    end
  end  % methods
end
```

Wir testen den *assert*-Aufruf mit der Funktion *testAssert*:

Listing 3.51 Test von *assert*

```
function testAssert()
  try
    fObj = Fahrer( 8 );
  catch err
    err
  end
end
```

Im Command-Window erhalten wir ähnliche Informationen wie in den zuvor behandelten Fällen:

```
>> testAssert
err =
  MException with properties:
```

```
identifier: ''
   message: 'Eingabe-Fehler: Auto-Objekt erwartet'
     cause: {0x1 cell}
     stack: [2x1 struct]
```

3.14 Fragen

- Welche Blöcke gibt es in der *classdef*-Beschreibung?
- Welcher Block enthält die Eigenschaften eines Objekts?
- Was versteht man unter Datenkapselung?
- Was sind Methoden einer Klasse?
- Mit welcher Operation kann man auf Eigenschaften und Methoden zugreifen?
- Was ist die Aufgabe des Konstruktors?
- Was versteht man unter der Überladung einer Funktion?
- Was ist der Sinn einer Vererbung?
- Wie unterscheidet sich die Überschreibung einer Methode von einer Überladung?
- Was ist eine abstrakte Klasse?
- Wie überlädt man Operatoren?
- Was ist der Unterschied zwischen Value- und Handle-Klassen?
- Wie definiert man Ereignisse?
- Was ist ein Destruktor?
- Wie erzeugt man konstante Eigenschaften?
- Was ist das Besondere an statischen Methoden?
- Wie definiert man Aufzählungen?
- Wozu dienen Pakete und Namensbereiche?
- Wie erzeugt man ein leeres Objekt?
- Wie läuft eine Exception ab?
- Was bewirkt die Funktion *error*?
- Wie ist ein Identifier zu einer Exception aufgebaut?
- Wie fängt man eine Exception?
- Wie wirft man eine Exception?
- Welche Information liefert ein MException-Objekt?
- Was bewirkt die Funktion *assert*?

3.15 Aufgaben

Aufgabe 3.1:

Erweitern Sie die Klasse *Auto* durch weitere Eigenschaften und Methoden, beispielsweise durch das Array *huTermin* (1 = Tag, 2 = Monat, 3 = Jahr) und die Methode *hauptuntersuchung*, die die Zeit bis zur nächsten TÜV-Prüfung um zwei Jahre verlängert.

Aufgabe 3.2:

Erzeugen Sie die von *Auto* abgeleitete Klasse *HybridAuto*, für die Sie weitere Eigenschaften und Methoden definieren, beispielsweise eine Variable für den Ladestand der Batterie.

Überschreiben Sie hierfür auch die Methode *disp*, die ihrerseits aber auch die Methode *disp* der Basisklasse *Auto* aufruft.

Aufgabe 3.3:

Erzeugen Sie weitere Geometrie-Klassen, die von *Shape* abgeleitet sind, beispielsweise die Klasse *ShLine* mit den Eigenschaften *lenX* und *lenY*, die eine Linie der Länge *lenX* in x-Richtung und *lenY* in y-Richtung zeichnet, ausgehend vom Shape-Punkt (*x*, *y*).

Testen Sie die Objekte Ihrer neuen Klasse zusammen mit anderen Shape-Objekten.

Aufgabe 3.4:

Erweitern Sie die Klasse *Auto* durch das Überladen der Methode *plus*, die den Kilometerstand um die addierte Zahl erhöht, beispielsweise durch den Aufruf:

```
>> a = Auto( 'VW_Golf', 2010 );
>> a = a + 42;
```

Aufgabe 3.5:

Erzeugen Sie die Handle-Klasse *Student* mit geeigneten Eigenschaften, wie *studiengang*, *semesterzahl* etc., und zugehörenden Methoden. Schreiben Sie dazu auch einen Destruktor, der mit *fprintf* eine Meldung ausgibt, wenn er aufgerufen wird.

Definieren Sie zusätzlich ein Ereignis, beispielsweise zur Vergabe des Abschlusszeugnisses, und einen Listener, der auf dieses Ereignis wartet.

Testen Sie Ihre neue Klasse, besonders auch den Aufruf des Destruktors.

4 Anwendungen

Die Grundlagen der objektorientierten Programmierung, also Klassen, Methoden, Eigenschaften etc., haben wir nun kennengelernt. In den folgenden Abschnitten soll gezeigt werden, wie man mit diesem Rüstzeug praktische Probleme bearbeitet und welche zusätzlichen Hilfsmittel MATLAB zur Verfügung stellt.

Außerdem werden wir die OOP-Funktionalität von MATLAB an einigen Stellen erweitern, beispielsweise durch den *varargs*-Mechanismus bei der Implementation von mehreren Varianten eines Konstruktors.

Die MATLAB-Programme in diesem Kapitel sind schon recht lang, unter anderem auch, weil ich versucht habe, möglichst viele Anwenderfehler abzufangen. Hier im Buch fehlt ein Teil dieser Checks, da ich Sie nicht mit zu vielen Nebenschauplätzen vom eigentlichen Thema ablenken will. Die vollständigen Programme finden Sie auf meiner Homepage:

www.Stein-Ulrich.de/Matlab/

4.1 Datenanalyse

Unsere erste Anwendung beschäftigt sich mit der Analyse von bestehenden Datensätzen. Es geht dabei um das Einlesen von Daten, beispielsweise aus Microsoft Excel, dem Berechnen von Ausgleichskurven oder dem Integrieren eines Datensatzes. Wir werden weitere Programmiertechniken kennenlernen, wie den *varargs*-Mechanismus, und einige der Standard-Dialoge von MATLAB.

4.1.1 *varargs*-Mechanismus

Unsere Klasse *Data* dient zur Datenanalyse. Die Daten hierzu können entweder aus einer Excel-Datei kommen oder als Array übergeben werden. Der **Konstruktor** der Klasse sollte deshalb sowohl auf einen übergebenen Dateinamen reagieren als auch den Fall abfangen, dass keine Übergabewerte vorhanden sind.

Ein leeres Data-Objekt *da* zur Aufnahme eines Datensatzes soll mit einem Aufruf ohne Übergabewerte erzeugt werden:

```
>> da = Data();
```

während ein Data-Objekt für Excel-Daten durch die Angabe eines Dateinamens definiert wird:

```
>> da = Data( 'xyData.xlsx' );
```

Wir benötigen also zwei unterschiedliche Konstruktoren für unsere Klasse *Data*, einen ohne Argumente und einen zur Aufnahme eines Textes. MATLAB erlaubt jedoch nicht, für eine Klasse mehrere Methoden zu deklarieren, die denselben Namen tragen und sich nur in der Zahl oder durch den Typ ihrer Übergabe-Argumente unterscheiden. Deshalb kann es für eine MATLAB-Klasse nur einen einzigen Konstruktor geben.

Hier hilft der *varargs*-Mechanismus weiter, also die Verwendung von variablen Argumentlisten für diese Methoden. Beim *varargs*-Mechanismus wird für die Parameter einer Methode das formale Argument *varargin* verwendet. Diesem Parameter kann beim Aufruf eine beliebige Menge an Werten übergeben werden – oder auch gar kein Wert. Die Methode selbst fragt ab, wie viele Werte angekommen sind und verzweigt dann je nach Fall.

Der Konstruktor der Klasse *Data* fängt also mit Hilfe des *varargs*-Mechanismus die beiden Fälle ab. Zusätzlich testen wir auch, ob nicht zu viele Daten gekommen sind. Im Fehlerfall geben wir ein leeres Objekt zurück und lösen mit der Funktion *error* eine Exception aus:

Listing 4.1 *varargs*-Mechanismus

```
function obj = Data( varargin )
  % Test der Zahl der übergebenen Werte
  if( nargin == 0 )
    obj = Data0( obj );
  elseif( nargin == 1 )
    obj = Data1( obj, varargin{1} );    % Werte im Cell-Array
  else
    errordlg( 'Zu viele Argumente für Klasse Data!', ...
              'Data-Konstruktor' );
    obj = Data.empty;                   % leeres Objekt
    error( 'Data-Konstruktor: Zu viele Argumente!' );
  end
end
```

Der formale Übergabeparameter hat den Namen *varargin*. Die Funktion *nargin* bestimmt die Zahl der wirklich übergebenen Parameter. Ist *nargin* gleich 0, dann wurden beim Aufruf an *Data* keine Parameter übergeben und unser Konstruktor verzweigt in den Hilfs-Konstruktor *Data0* ohne eine Übergabe von Daten.

Ist *nargin* gleich 1, dann gab es einen Übergabewert, der über *varargin*{1} abrufbar ist. Im *varargs*-Mechanismus erscheinen die Werte der variablen Parameter als Cell-Array. Daten aus einem Cell-Array erhält man durch die Angabe der Feldnummer in geschweiften Klammern, für unser erstes Element also durch `varargin{1}`. Dieser Wert wird dem Hilfs-Konstruktor *Data1* weitergereicht. Bei zwei Übergabewerten würden die weiteren Daten in `varargin{2}` stehen etc.

Der formale Parameter für eine variable Parameterliste muss den Namen *varargin* tragen. Andere Bezeichner sind nicht zulässig. Der Parameter *varargin* muss auch das letzte formale Argument in der Liste der Übergabeparameter sein. Davor können jedoch beliebig viele weitere Parameter stehen, beispielsweise: „`function fname( v, varargin )`“.

Die Funktion *nargin* gibt die Zahl der beim Aufruf tatsächlich übergebenen Parameter zurück, im Fall weiterer Parameter vor *varargin* werden diese ebenfalls mitgezählt. In der Methode „`function fname( v, varargin )`“ ist das Element *varargin{1}* also erst dann mit Daten belegt, wenn *nargin* den Wert 2 hat oder größer ist. ■

In unserem Fall ist maximal nur ein Übergabewert erlaubt. Deshalb erzeugen wir bei mehr übergebenen Werten die Fehlermeldung „Zu viele Argumente!“.

Damit der Anwender diesen Fehler nicht übersieht, wird ihm die Meldung in einem separaten Fenster angezeigt, mit Hilfe des Aufrufs von *errordlg*.

Die Funktion *errordlg* erzeugt einen MATLAB-Standard-Dialog zur Ausgabe von Fehlern. Das erste Argument von *errordlg* enthält die angezeigte Fehlermeldung, hier „Zu viele Argumente!“. Das optionale zweite Argument „Data-Konstruktor“ erscheint als Fenster-Überschrift.

Bild 4.1 *errordlg*-Aufruf

Kommen wir zu den Hilfs-Konstruktoren, die noch relativ wenig Arbeit verrichten. Man sollte Konstruktoren knapp halten und sie primär zum Anlegen der Objekte und zum Initialisieren der Eigenschaften verwenden.

Die Handle-Klasse *Data* besitzt drei Variablen im Block *properties*: *file* zur Übernahme des Namens der Excel-Datei und die Vektoren *x* und *y* zur Aufnahme der Daten:

Listing 4.2 Eigenschaften der Klasse *Data*

```
classdef Data < handle
  properties
    file = [];    % Excel-Datei, optional
    x = [];       % x-y-Daten
    y = [];
  end % properties
  ...
end
```

Der Hilfs-Konstruktor *Data0* belegt die Objekt-Variable *file* mit der leeren Menge [], da in diesem Fall die Daten nicht aus einer Excel-Datei kommen. Die Methode *Data0* liegt in einem privaten Block. Diese Funktion soll außerhalb der Klasse nicht aufgerufen werden:

Listing 4.3 Erster Konstruktor der Klasse *Data*

```
methods (Access = private)
  % Konstruktor 0: ohne Argumente
  function obj = Data0( obj )
    obj.file = [];
  end
  ...
end
```

Der Hilfs-Konstruktor *Data1* schreibt den übergebenen Dateinamen in die Objekt-Variable *file*, dies aber nur, wenn wirklich ein Text übergeben wurde. Zum Test auf einen Text dient die Funktion *ischar*:

Listing 4.4 Zweiter Konstruktor der Klasse *Data*

```
function obj = Data1( obj, data )
  if( ~ischar( data ) )
    obj.file = [];   % leere Liste
  else
    % Leerstring
    if( ~isempty(data) )
      obj.file = data;
    else
      % Dateinamen holen
      getFilename( obj );
    end
  end
end
```

Die Methode *Data1* behandelt aber noch einen weiteren Fall. Übergibt man dem Konstruktor einen Leerstring, getestet mittels der Funktion *isempty*, dann wird der MATLAB-Standard-Dialog *uigetfile* aufgerufen, zur Auswahl eines Dateinamens.

Dies geschieht in der privaten Methode *getFilename*:

Listing 4.5 Methode *getFilename*

```
function getFilename( obj )
  [f,p] = uigetfile( '*.xlsx', 'Daten-Datei auswählen' );
  if( f == 0 )
    obj.file = [];
  else
    obj.file = [p,f];
  end
end
```

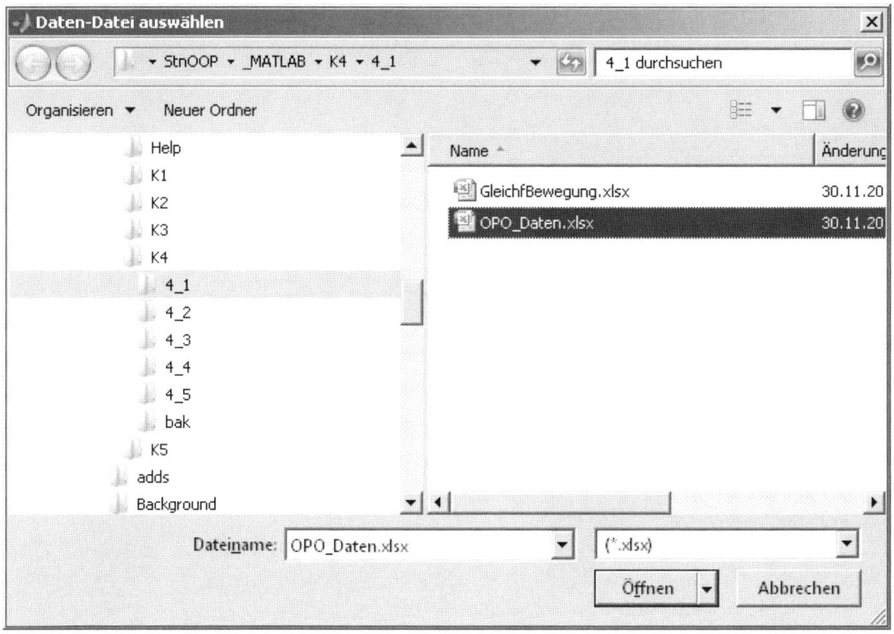

Bild 4.2 *uigetfile*-Aufruf

Die Funktion *uigetfile* dient zum Auswählen einer Datei, deren Inhalt man einlesen möchte. Zurückgegeben wird der Name der Datei, zum Beispiel „OPO_Daten.xlsx", den wir der Variablen *f* übergeben, und optional der Pfad, zum Beispiel „C:\MATLAB\", bei uns in der Variablen p abgespeichert. Die Operation `[p,f]` baut aus Pfad und Dateiname den absoluten Namen mit Pfad zusammen, im Beispiel wäre das „C:\MATLAB\OPO_Daten.xlsx".

Dieser Text wird anschließend an die Objekt-Variable *file* übergeben.

Drückt der Anwender im Dialog den Knopf „Abbrechen", dann gibt *uigetfile* die Zahl 0 zurück. Unser Code reagiert darauf, indem er der Variablen *file* dann die leere Menge [] zuweist.

Beim Aufruf von *uigetfile* können Sie das Verhalten des Dialogs durch weitere Parameter steuern: Der erste Parameter, hier '*.xlsx', legt fest, welcher Dateityp angezeigt wird. Der zweite Wert, hier 'Daten-Datei auswählen', erscheint als Überschrift.

Die Funktion *uigetfile* dient nur zur Auswahl eines Dateinamens. Hierbei wird überprüft, ob die ausgewählte Datei wirklich existiert. Durch diesen Aufruf wird die Datei selbst aber noch nicht eingelesen. Dies muss anschließend mit den entsprechenden Datei-Funktionen separat erfolgen, je nach Typ der ausgewählten Datei. In unserem Fall wollen wir eine Excel-Datei einlesen – dies ist das Thema eines der nächsten Abschnitte.

Zum Abschluss testen wir unser Data-Objekt, einmal mit folgendem Aufruf, in dem keine Übergabeparameter spezifiziert sind:

```
>> da = Data();
>> da
da = Data with properties:
     file: []
        x: []
        y: []
```

Als Zweites dann den Fall, dass ein Dateiname übergeben wurde. Vergessen Sie nicht, vor dem Anlegen einer Klasse oder dem Ändern der Klassen-Datei alle alten Daten mittels *clear all* im Workspace zu löschen:

```
>> clear all
>> da = Data( 'xyData.xlsx' );
>> da
da = Data with properties:
     file: 'xyData.xlsx'
        x: []
        y: []
```

Und natürlich auch den Fall, dass dem Konstruktor zu viele Argumente übergeben wurden. Sie können ihre Programme gar nicht oft genug testen, auch zu Fällen, wo Sie ganz sicher sind, alles korrekt gemacht zu haben:

```
>> clear all
>> da = Data( 'xyData.xlsx', 1 );
Error using Data (line 24)
Data-Konstruktor: Zu viele Argumente!
>> da
Undefined function or variable 'da'.
```

Wie gehofft, erscheint der Dialog mit der Fehlermeldung „Zu viele Argumente!". Auch wird im Fehlerfall gar kein Data-Objekt *da* angelegt. Die durch *error* ausgelöste Exception beendet den Konstruktor.

4.1.2 Datenübergabe und Datenausgabe

Nach Erzeugung des Data-Objekts, beispielsweise mit dem Aufruf

```
>> da = Data();
```

sind die Variablen *x* und *y* des Objekts *da* mit der leeren Menge [] belegt. Zur Übergabe von Wertpaaren an das Objekt wollen wir den **Operator „+"** verwenden.

Als erstes Beispiel nehmen wir für *x* die Werte 0, 1, 2 und für *y* die Werte 2, 3, 1. Die Übergabe dieser Daten an *da* soll wie eine normale Matrizen-Addition aussehen, wobei *x* die erste und *y* die zweite Spalten darstellt:

```
>> x = [ 0; 1; 2 ];
>> y = [ 2; 3; 1 ];
>> da + [ x, y ];
```

Diese Addition zwischen einem Data-Objekt und einer Matrix ist standardmäßig in MATLAB nicht vorhanden. Wir müssen dazu für unsere Klasse einen „+“-Operator definieren, wie wir das im Abschnitt „Überladen von Operatoren“ für den „*“-Operator mit Hilfe der Funktion *mtimes* gemacht haben. Zur Addition dient der Operator *plus*:

Listing 4.6 Methode *plus*

```
function plus( obj, data )
  sz = size( data );
  if( sz(2) ~= 2 )
    errordlg( 'Nicht exakt zwei Spalten in Daten!', 'plus' );
    return;
  end
  % Daten als Spalten der Matrix data
  d_x = data(:,1);
  d_y = data(:,2);
  % Daten durch d_x und d_y erweitern
  obj.x = [obj.x; d_x];
  obj.y = [obj.y; d_y];
end
```

In der Funktion *plus* definieren wir, was mit dem übergebenen Array in der Variablen *data* getan werden soll. Als Erstes überprüfen wir, ob die übergebenen Daten in *data* auch exakt aus zwei Spalten bestehen. Dann zerlegen wir *data* in die beiden Spalten mit den x- und y-Werten. Anschließend hängen wir diese Daten an die Objekt-Variablen *x* und *y* an. Direkt nach Aufruf des Konstruktors sind *x* und *y* zwar noch leer, aber die Funktion *plus* soll ja auch funktionieren, wenn *x* und *y* bereits mit Daten aufgefüllt sind.

Damit haben wir unser Data-Objekt mit den ersten Daten versorgt. Nun fehlen uns noch Funktionen, die mit diesen Daten arbeiten. Hierzu sollen die Funktionen *disp* und *plot* überladen werden, damit sie auch direkt auf Data-Objekte anwendbar sind:

Listing 4.7 Methode *disp*

```
function disp( obj )
  if( isempty( obj ) )
    fprintf( 'Leeres Daten-Objekt \n' );
  elseif( length(obj.x) ~= length(obj.y) )
    fprintf( 'FEHLER: Spalten unterschiedlich lang! \n' );
    fprintf( '  Anzahl x = %d, Anzahl y = %d \n', ...
             length(obj.x), length(obj.y) );
  else
    fprintf( '%d Daten im Objekt \n', length(obj.x) );
    fprintf( ' Spalte 1: %g ... %g\n', min(obj.x), max(obj.x));
    fprintf( ' Spalte 2: %g ... %g\n', min(obj.y), max(obj.y));
  end
end
```

Die Funktion *disp* bestimmt über *length* die Zahl der Wertpaare im Objekt und gibt außerdem noch den Minimal- und Maximalwert von *x* und *y* aus. In unserem Beispiel erhalten wir folgende Information:

```
>> disp( da )
3 Daten im Objekt
 Spalte 1: 0 ... 2
 Spalte 2: 1 ... 3
```

Bei der Funktion *plot* wollen wir ebenfalls den *varargs*-Mechanismus verwenden, um optional die Plot-Optionen, wie beispielsweise Linienart, Linienfarbe und Daten-Symbol, übergeben zu können:

Listing 4.8 Methode *plot*

```
function plot( obj, varargin )
  if( length( obj.x ) ~= length( obj.y ) )
    errordlg( 'Spalten unterschiedlich lang!', 'plot' );
    return;
  end
  % Daten plotten, mit oder ohne weitere Optionen
  if( nargin == 2 )
    opts = varargin{1};
    plot( obj.x, obj.y, opts );
  else
    plot( obj.x, obj.y );
  end
  grid on
end
```

Bei zusätzlich angegebenen Plot-Optionen meldet *nargin* zwei Übergabewerte, da außer *varargin* auch noch das Data-Objekt *obj* übergeben wird. Den Text mit den Optionen erhält man aus dem Cell-Array *varargin* mittels der geschweiften Klammern.

Testen wir das Plotten mit unserem Data-Objekt *da*:

```
>> plot( da, '-ks' )
```

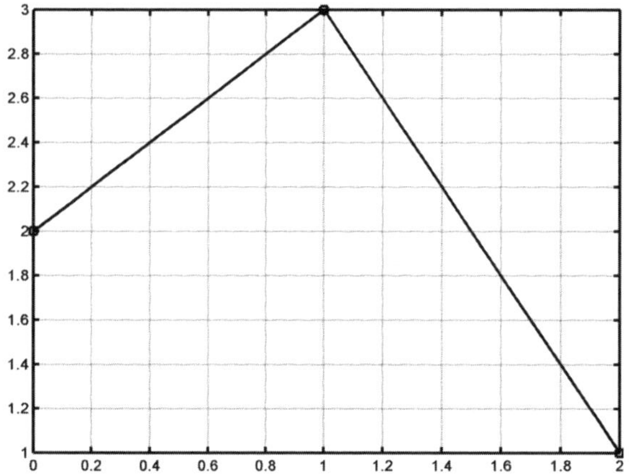

Bild 4.3 plot-Aufruf

Mit '-ks' haben wir als Plot-Optionen eine durchgezogene Linie (-), die Farbe Schwarz (blacK) und das Rechteck-Symbol (square) gewählt.

Testen wir auch noch den fehlerhaften Fall, dass die x- und y-Spalten unterschiedlich lang sind:

```
>> clear all
>> da = Data();
>> da.x = [ 0; 1; 2 ];
>> da.y = [ 2; 3 ];
>> disp( da )
FEHLER: Spalten unterschiedlich lang!
  Anzahl x = 3, Anzahl y = 2
```

4.1.3 Methoden *mean* und *std*

Das nächste Beispiel soll Daten zur Entwicklung des Benzinpreises auswerten. Dazu haben wir uns die Tageszeitung vorgenommen und die Benzinpreise der letzten Monate aufgeschrieben. Der Preis schwankte innerhalb dieses Zeitraums um 20 Cent. Das Preisintervall haben wir in gleich große Bereiche von jeweils fünf Cent eingeteilt, von 1,35 Euro bis 1,55 Euro. Die einzelnen Preise traten für diese Bereiche unterschiedlich häufig auf – an 15 % der Tage lag der Preis auf dem Minimum von 1,35 Euro, an 8 % der Tage auf dem Höchstwert.

Hier die Liste mit den Preisen und deren prozentualer Häufigkeit:

```
>> preis   = [ 1.35, 1.40, 1.45, 1.50, 1.55 ];
>> prozent = [   15,   25,   32,   20,    8 ];
```

Zur Darstellung dieser Daten als Balkendiagramm dient die MATLAB-Funktion *bar*:

```
>> bar( preis, prozent )
```

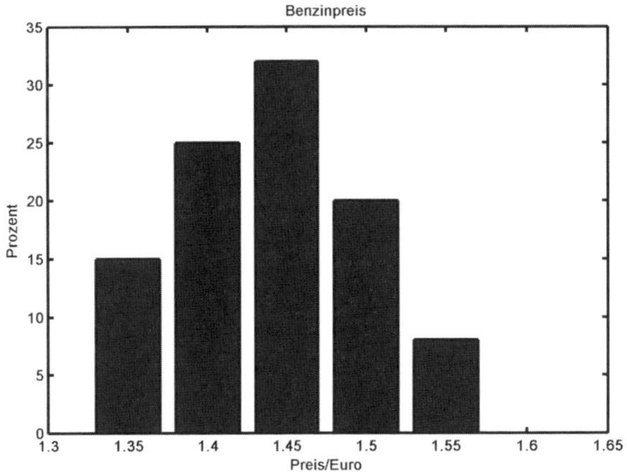

Bild 4.4 *bar*-Aufruf (Balkendiagramm)

Was war aber der Mittelwert für den Benzinpreis? Versuchen wir es mit der MATLAB-Funktion *mean*:

```
>> mw = mean( preis )
mw = 1.4500
```

Doch 1,45 Euro, das kann nicht der Mittelwert sein. Der Preis lag häufiger unter 1,45 Euro als darüber. Die Funktion *mean* berücksichtigt nicht die Häufigkeit der Daten. Das Feld *prozent* wurde zur Berechnung des Mittelwertes auch gar nicht verwendet.

Um dieses Problem zu lösen, schreiben wir eine eigene Methode *mean* für die Klasse *Data*. Wir überladen also die MATLAB-Funktion *mean* für unseren eigenen Datentyp.

Der Mittelwert ist die Summe aller Daten geteilt durch die Anzahl der Daten. Wenn wir noch die Häufigkeit der einzelnen Datenwerte berücksichtigen wollen, müssen wir in der Summe die Werte mit der Häufigkeit multiplizieren und bei der abschließenden Division auch diese Gewichtungen berücksichtigen. Voraussetzung ist allerdings, dass die einzelnen Häufigkeitsbereiche dieselbe Breite haben – in unserem Beispiel war die Häufigkeit für gleich große Preisbereiche mit einer festen Breite von fünf Cent angegeben:

Listing 4.9 Methode *mean*

```
function mw = mean( obj )
  x_s = 0;
  y_s = 0;
  for( n = 1 : length(obj.x) )
    y_val = obj.y(n);              % y-Wert (Häufigkeit)
    x_s = x_s + obj.x(n)*y_val;    % gewichtete Summation für MW
    y_s = y_s + y_val;             % Summe der Gewichtungen
  end
  mw = x_s / y_s;     % Summe geteilt durch die gewichtete Anzahl
end
```

Berechnen wir damit den Mittelwert der Benzinpreise:

```
>> d = Data();
>> d + [preis',prozent'];
>> mwd = d.mean
mwd =  1.4405
```

Der Mittelwert von 1,44 Euro passt besser zu der Verteilung der Benzinpreise.

Analog kann man auch die Standardabweichung *std* für die Klasse *Data* überschreiben. Die Standardabweichung σ_n ist ein Maß für die Abweichung der Werte vom Mittelwert – genauer die Wurzel aus der Summe der Quadrate der Abweichungen der einzelnen Datenwerte:

Listing 4.10 Methode *std*

```
function sa = std( obj )
  mw = mean( obj );   % Mittelwert
  x_s = 0;
  y_s = 0;
```

```
  for( n = 1 : length(obj.x) )
    d_q2 = (obj.x(n) - mw)^2;      % Abweichungsquadrate
    y_val = obj.y(n);              % y-Wert (Häufigkeit)
    x_s = x_s + d_q2*y_val;        % gew. Summation der Quadrate
    y_s = y_s + y_val;             % Summe der Gewichtungen
  end
  sa = sqrt( x_s / y_s );          % Wurzel aus der Summe
end
```

Für unsere Daten ergibt sich folgende Standardabweichung:

```
>> sa = d.std
sa = 0.0577
```

Wir haben also eine mittlere Breite der Preisverteilung von knapp 5,77 Cent.

Ich habe für die Berechnung der Standardabweichung die Formel für σ_n verwendet, obwohl für eine Stichprobe eigentlich die Methode σ_{n-1} zuständig ist. Mir war aber die exakte Zahl *n* der Messungen gar nicht bekannt, sondern nur die Häufigkeit, mit der die einzelnen Messwerte aufgetreten sind. Die Unterschiede zwischen den beiden Methoden sind für große *n* jedoch vernachlässigbar.

4.1.4 Integration, Gauß-Glocke

Der Auf- und Abschwung der Benzinpreise erinnert an eine Normalverteilung, auch Gauß-Glocke genannt. Lassen Sie uns zu den Daten die zugehörende Normalverteilung berechnen. Hierzu benötigen wir den Mittelwert μ und die Standardabweichung σ.

$$f(x)=\frac{1}{\sqrt{2\pi\sigma^2}}\exp(-\frac{(x-\mu)^2}{2\sigma^2})$$

Plotten wir diese Kurve zusammen mit den Daten. Für die Aufteilung des Preisintervalls zwischen 1,35 und 1,55 Euro besorgen wir uns mittels *linspace* 100 Stützpunkte:

```
>> x = linspace( min(d.x), max(d.x), 100 );
>> y = 1/sqrt(2*pi*sa^2) * exp( -(x-mwd).^2 / (2*sa^2) );
>> hold on
>> plot( d, 'k*-' )
>> plot( x, y, 'r-' )
>> hold off
```

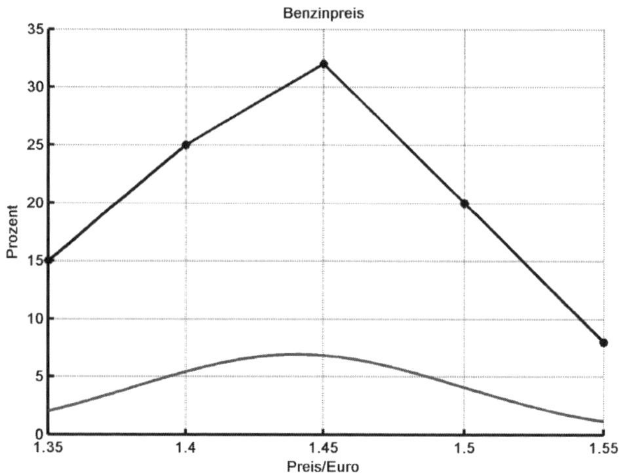

Bild 4.5 Gauß-Glocke, nicht normiert

Grob stimmt die Zuordnung ja, aber die Höhe der Gauß-Glocke passt noch nicht.

Die Fläche unter der Normalverteilung hat den Wert 1, während die Fläche unterhalb unserer Daten einen anderen Wert besitzt. Um die Höhe der Verteilung korrekt anzugeben, müssen wir die Gauß-Glocke auf die Fläche unterhalb unserer Daten normieren.

Die Fläche unterhalb einer Kurve ist das Integral über diese Kurve. Schreiben wir deshalb eine Hilfsfunktion, die mittels der **Trapezregel** die Fläche berechnet. Man zerlegt dazu die gesamte Fläche in einzelne Trapeze und summiert deren Flächen auf. Die Teilflächen erhält man aus dem Produkt von Mittelwert an den Intervallgrenzen $(y_{n+1} + y_n)/2$ mal der Breite des Intervalls $x_{n+1} - x_n$:

Listing 4.11 Numerische Integration *trapez*

```
function s = trapez( obj )
  s = 0;
  len = length( obj.x );
  for( n = 1 : len-1 )
    val  = ( obj.y(n+1) + obj.y(n) ) / 2;  % y-Mittelwert
    diff = obj.x(n+1) - obj.x(n);           % Breite x-Intervall
    s = s + val*diff;                % Produkt Mittelwert * Breite
  end
end
```

Wir haben die Integrationsfunktion *trapez* als Hilfsfunktion angelegt und nicht als Methode der Klasse. Auch haben wir die berechneten Flächenwerte nicht im Objekt gespeichert. Sie sollten die Klassen immer möglichst einfach und schlank halten, sie auch nicht mit zu vielen zusätzlichen Daten belasten.

Wir plotten die Gauß-Verteilung noch einmal, wobei wir die Höhe mit der Fläche unterhalb der Daten skalieren:

```
>> f = trapez( d );
>> x = linspace( min(d.x), max(d.x), 100 );
>> y = f / sqrt(2*pi*sa^2) * exp( -(x-mwd).^2 / (2*sa^2) );
>> hold on
>> plot( d, 'k*-' )
>> plot( x, y, 'r-' )
>> hold off
```

Jetzt passt die Höhe der Verteilung - ein wenig haben wir aber doch gemogelt. Die Fläche unterhalb der Gauß-Glocke berechnet sich nur dann zu 1, wenn die Gauß-Glocke von minus bis plus Unendlich läuft. In unserem Fall ist der Flächenwert etwas kleiner, da wir nur das Intervall zwischen 1,35 und 1,55 Euro betrachtet haben, das heißt die Gauß-Kurve müsste etwas höher liegen:

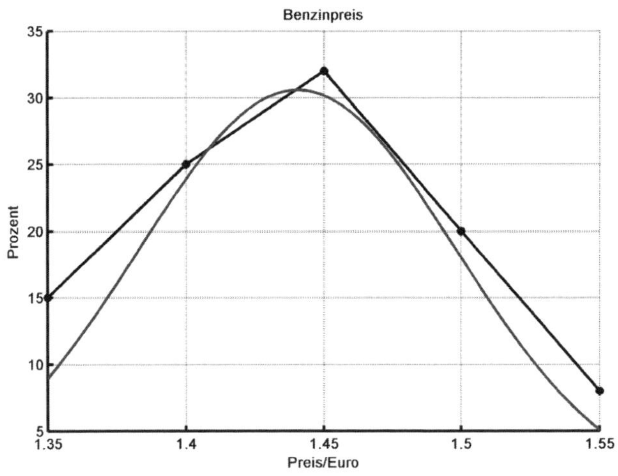

Bild 4.6 Gauß-Glocke, normiert

Mit der MATLAB-Funktion *integral* können Sie den korrekten Wert für das Integral der abgeschnittenen Gauß-Glocke berechnen. Er liegt in unserem Fall bei 0.9125, an Stelle des von uns verwendeten Werts 1. Wenn Sie den Vektor *y* durch diese Zahl teilen, erhalten Sie eine noch besser angepasste Gauß-Kurve.

4.1.5 Excel-Dateien lesen

Bisher haben wir unseren Data-Objekten die Daten direkt als Array übergeben. Bei einer größeren Datenmenge ist dies kein sehr effizientes Verfahren. Daten sind normalerweise in externen Dateien abgelegt, zum Beispiel über das Programm „Excel“ von Microsoft.

In diesem Abschnitt werden wir zeigen, wie man Daten aus einer Excel-Datei in unsere Data-Klasse einliest und von dort ab weiterverarbeitet. MATLAB bietet zum Einlesen von Excel-Daten die Funktion *xlsread* und zum Schreiben die Funktion *xlswrite*.

Für den Anfang wollen wir uns mit einer kleinen Menge von Daten begnügen, die sich in der Datei „GleichfBewegung.xlsx“ befinden:

	A	B
1	0.00	8.10
2	1.00	6.90
3	2.00	6.20
4	3.00	5.10
5	4.00	3.80
6	5.00	3.00
7	6.00	2.10
8	7.00	0.90
9	8.00	0.20
10	9.00	-1.10

Bild 4.7 Excel-Daten, gleichförmige Bewegung

Die Funktion *xlsread* liest den Inhalt der Excel-Datei ein und gibt die Daten als Array zurück, in unserem Beispiel als Feld *data* mit zwei Spalten und zehn Zeilen:

```
data = xlsread( 'GleichfBewegung.xlsx' );
```

Für die Klasse *Data* erstellen wir die Methode *getData*, zum Einlesen der Excel-Datei und zur Übergabe der Daten an die Objektvariablen *x* und *y*. Der Name der Excel-Datei wurde ja bereits dem Konstruktor übergeben und in der Variablen *file* gespeichert.

Listing 4.12 Methode *getData*

```
function getData( obj )
  data = xlsread( obj.file );     % Excel-Daten einlesen
  obj.x = data(:,1);              % 1. Spalte (A) an x
  obj.y = data(:,2);              % 2. Spalte (B) an y
end
```

Testen wir unsere Funktion:

```
>> d = Data( 'GleichfBewegung.xlsx' );
>> d.getData();
>> plot( d, '*k' );
```

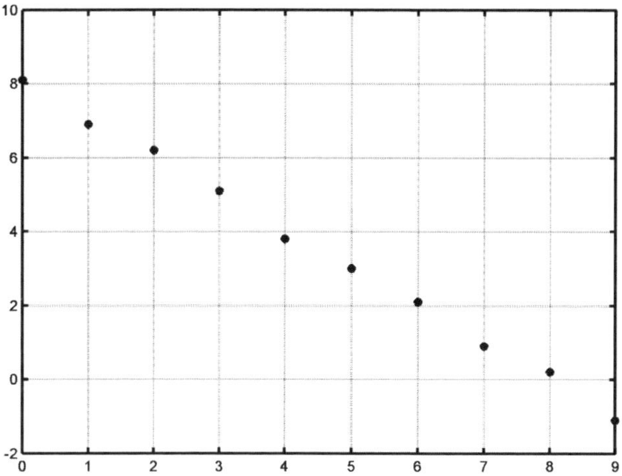

Bild 4.8 Plot „gleichförmige Bewegung"

Die Messdaten stammen aus einem Laborversuch zum Physikthema „Gleichförmige Bewegung". In der Klasse *Data* hatten wir den beiden Datenfeldern den Namen *x* und *y* gegeben. Was *x* und *y* bedeuten, das ist für das Programm irrelevant. In diesem Beispiel enthält *x* die Zeitpunkte *t*, an denen gemessen wurde, und *y* die Positionen *r*, an denen sich ein Wagen zur der Zeit *t* befand. Der Wagen fuhr mit einer konstanten Geschwindigkeit *v*. Die Zeiten t wurden in der Einheit „Sekunde" und die Postionen *r* in „Meter" angegeben.

Für solch eine gleichförmige Bewegung erwartet man den funktionalen Zusammenhang

```
r = v * t + r0
```

Die r-Werte sollten also auf einer Geraden liegen, deren Steigung die Geschwindigkeit *v* ergibt. Dies können wir durch eine lineare Interpolation der Daten testen. Die MATLAB-Funktion *polyfit* legt eine Ausgleichsgerade (Polynom vom Grad 1) zwischen unsere Datenpunkte:

```
>> p = polyfit( d.x, d.y, 1 );
>> v = p(1)
v = -1.0061
```

polyfit gibt die Koeffizienten der Geraden an den Vektor p zurück. Die Steigung steht in *p(1)*, der Achsenabschnitt in *p(2)*. In unserem Fall beträgt die Steigung -1.0061 - die Geschwindigkeit der Bewegung beträgt also -1.0061 Meter pro Sekunde.

Zum Zeichnen der Ausgleichsgeraden muss man sich noch die Funktionswerte des Polynoms zu den Stützstellen in *d.x* holen. Dies erledigt die Funktion *polyval*:

```
>> y = polyval( p, d.x );
>> hold on
>> plot( d.x, y )
>> hold off
```

Im Plot sehen wir die Messpunkte zusammen mit der Ausgleichsgeraden:

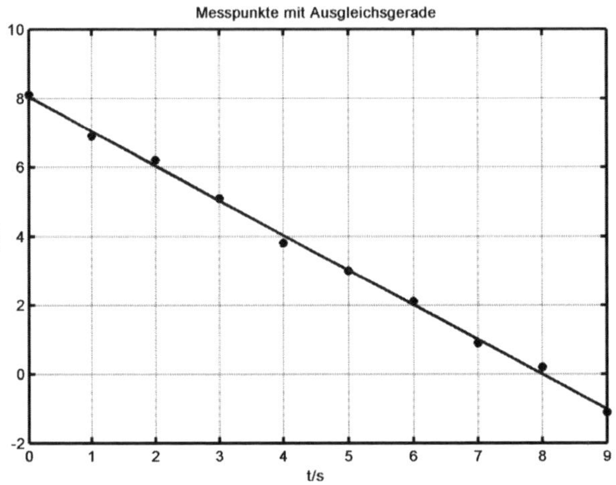

Bild 4.9 Ausgleichsgerade zu gleichförmiger Bewegung

Zum Abschluss eine etwas umfangreichere Excel-Datei „OPO_Daten.xlsx". In ihr stehen die Emissions-Daten eines OPO-Lasers (optisch parametrischer Oszillator).

	A	B
1	3.31002E+00	1.30E-01
2	3.31028E+00	9.94E-02
3	3.31054E+00	1.41E-01
4	3.31081E+00	8.51E-02
5	3.31107E+00	7.45E-02
6	3.31134E+00	1.21E-01
7	3.31160E+00	3.26E-02
8	3.31187E+00	2.05E-01
9	3.31213E+00	1.63E-01
10	3.31239E+00	1.19E-01
11		
12	...	
13		

Bild 4.10 Emissionsdaten eines OPO-Lasers

Die Spalte A der Datei enthält eine Reihe von Wellenlängen λ im Bereich um 3 µm, die Spalte B das zugehörende Emissionsvermögen, also die Leistung des Lasers pro Fläche und Wellenlängenintervall.

Wir erstellen ein neues Data-Objekt *opo*, lesen die Excel-Daten ein und plotten sie:

```
>> opo = Data( 'OPO_Daten.xlsx' );
>> opo.getData();
>> plot( opo )
>> title( 'Laser-Spektrum' )
>> xlabel( 'Lambda/my' )
>> ylabel( 'Emission' )
```

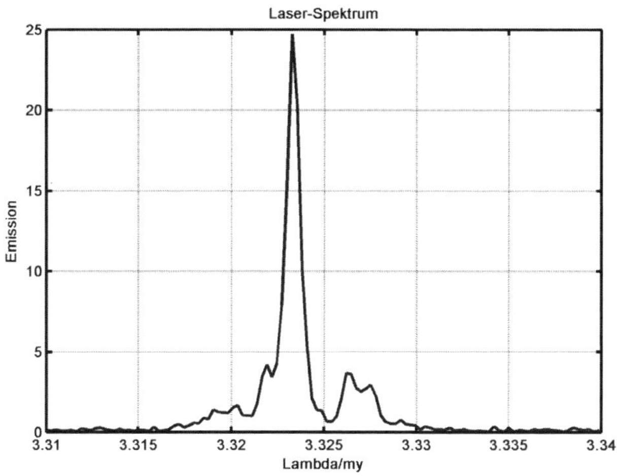

Bild 4.11 Emissionsspektrum des OPO-Lasers

Auch hier wollen wir zu den Daten eine Gauß-Kurve bestimmen:

```
>> f = trapez( opo )
f = 0.0425
>> mw = mean( opo )
mw =  3.3237
>> sa = std( opo )
sa = 0.0034
>> x = linspace( min(opo.x), max(opo.x), 200 );
>> y = f * exp( -(x-mw).^2 / (2*sa^2) ) / sqrt(2*pi*sa^2);
>> hold on
>> plot( x, y )
>> hold off
```

Diesmal passt die Gauß-Kurve nicht mehr ganz so gut zu den Daten. Es gibt im Emissionsspektrum ein zweites Nebenmaximum, wodurch die Daten breiter verteilt sind und das Hauptmaximum nicht so stark als Peak zur Geltung kommt:

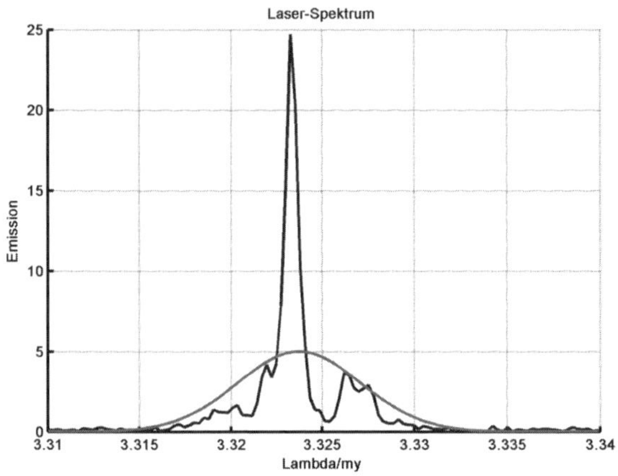

Bild 4.12 Gauß-Kurve zum OPO-Laser

Bei Anwendungen des Lasers interessiert man sich aber primär nicht für die exakte Ausformung des Peaks, sondern es geht um die Leistung, die der Laser in einem engen Wellenlängen-Bereich abstrahlt. Hierfür sind Höhe, Mittelwert und Standardabweichung die Parameter, die vergleichbare Daten zur Emission der Laser liefern.

4.1.6 Fragen

- Was versteht man unter dem *varargs*-Mechanismus?
- Wie greift man auf die Elemente von *varargin* zu?
- Welche Information enthält *nargin*? Wie viele Werte enthält die Variable *varargin*, beispielsweise für die Methode „`function fname( v, varagin )`“?
- Wie erzeugt man ein leeres Objekt?
- Mit welcher Funktion kann man Dateienamen auswählen?
- Erklären Sie, wie man aus Pfad und Dateinamen den absoluten Namen einer Datei mit Pfad zusammenbaut!
- Mit welcher Methode überschreibt man den „+“-Operator?
- Wie erzeugt man in MATLAB ein Balkendiagramm?
- Welche MATLAB-Funktion berechnet den Mittelwert?
- Wie erhält man die Normalverteilung aus Mittelwert und Standardabweichung?
- Erklären Sie die Trapezregel zur numerischen Integration!
- Welche MATLAB-Funktion liest Excel-Daten ein?
- Wie berechnet man eine Ausgleichsgerade?
- Was bedeuten die von der Funktion *polyfit* zurückgegebenen Werte?
- Mit welcher Funktion berechnet man die Funktionswerte zu einem Polynom?

4.1.7 Aufgaben

Aufgabe 4.1.1:

Erweitern Sie die Methode *plot* der Klasse *Data*, um optional, mit Hilfe des *varargs*-Mechanismus, außer der Linien-Spezifikation auch noch die Daten für *title*, *xlabel* und *ylabel* übergeben zu können, beispielsweise in der Art

```
>> plot( obj, 'ks', 'Daten', 'x/m', 'y/m' )
```

Aufgabe 4.1.2:

Erstellen Sie für die Klasse *Data* eine Methode für den „*"-Operator, der die y-Werte mit der angegebenen Zahl multipliziert!

Aufgabe 4.1.3:

Experimentieren Sie mit weiteren Diagrammtypen in MATLAB, zum Beispiel mit *bar3*, *rose*, *pie*, *pie3*, *hist* etc.!

Aufgabe 4.1.4:

Schreiben Sie die Methode *saveData*, die mit Hilfe der Funktion *xlswrite* die in einem Data-Objekt gespeicherten Daten in eine Excel-Datei schreibt. Verwenden Sie zur Auswahl des Excel-Dateinamens die Funktion *uiputfile*.

Aufgabe 4.1.5:

Überlegen Sie sich weitere Anwendungen für einen Polynomfit, nicht nur als Ausgleichsgerade, sondern auch mit Grad 2 oder höher und für eine Gauß-Kurve!

4.2 Verkettete Listen

Sie müssen eine einzelne mathematische Berechnung durchführen, beispielsweise die Wurzel aus einer Zahl ziehen. Im Normalfall werden Sie dafür einen Taschenrechner verwenden und nicht erst warten, bis MATLAB gestartet ist. Wenn Sie jedoch eine größere Menge von Daten verarbeiten wollen, dann ist ein MATLAB-Programm eine wirkliche Hilfe. Im vorherigen Abschnitt haben wir gesehen, wie man mit der Klasse *Data* große Datenfelder bearbeiten kann.

Felder (Arrays) sind jedoch relativ starre Objekte. Die Elemente eines Feldes werden typischerweise nacheinander mit Daten belegt, durchgezählt von eins bis zum letzten Element. Neue Elemente können nur am Ende des Feldes angehängt werden, was bei großen Feldern zu Problemen mit der Ausführungsgeschwindigkeit (Performance) führt, da MATLAB dabei ganze Speicherbereiche umkopiert. Es ist nicht vorgesehen, dass man einzelne Elemente eines Feldes löscht. Dazu müsste man explizit ein weiteres Feld anlegen, in das man einzelne Elemente übernimmt.

Um einiges flexibler sind dagegen Listen. Die oben skizzierten Nachteile bestehen bei Listen nicht. Im Gegensatz zu Feldern können Listen zudem auch Folgen von unterschiedlichen Daten aufnehmen.

4.2.1 Listen-Knoten

Eine Liste besteht aus einzelnen Knoten. Diese Knoten enthalten die Daten, die die Liste verwalten soll, ähnlich wie die Daten, die in den Zellen eines Arrays stehen. Zusätzlich enthalten die Listenknoten aber noch einen Verweis auf die Nachbarknoten. In der Praxis treten hauptsächlich zwei Arten von Listen auf:

- einfach verkettete Listen, die nur auf ihren Nachfolger in der Liste verweisen, und
- doppelt verkettete Listen, die auch eine Referenz auf ihren Vorgänger enthalten.

Ich werde Ihnen in diesem Kapitel zeigen, wie man in MATLAB eine **einfach verkettete Liste** erzeugen kann.

Als Erstes müssen wir uns mit dem Aufbau der Listen-Knoten beschäftigen. Ein Knoten ist ein eindeutig festgelegtes Objekt, das unsere Daten halten soll. Er sollte deshalb zu einer Handle-Klasse gehören.

Der Knoten-Klasse geben wir den Namen *Node*. Und zu Beginn halten wir die Eigenschaften der Knoten recht einfach:

- eine Variable *next* für den Verweis auf den Nachfolger in der Liste und
- eine Variable *data*, die für die Daten gedacht ist.

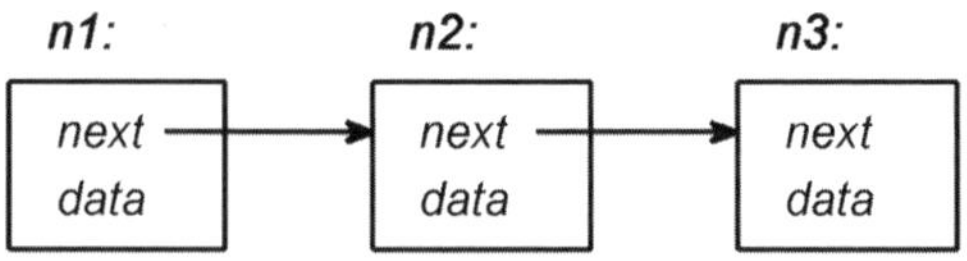

Bild 4.13 Einfach verkettete Liste

Der Konstruktor, die Methode *Node*, erzeugt das Objekt und verweist noch auf keinerlei Nachfolger. Die Eigenschaft *next* ist deshalb mit einem leeren Knoten belegt:

Listing 4.13 Klasse *Node*

```
classdef Node < handle
  properties
    next = Node.empty;  % Verweis auf Nachfolger
    data = [];          % Daten
  end     % properties
  methods
    function obj = Node()
      obj.next = Node.empty;
    end   % methods
  end
end
```

Zum Testen erzeugen wir drei Knoten-Objekte und belegen sie mit Daten:

```
>> n1 = Node();
>> n2 = Node();
>> n3 = Node();
>> n1.data = 10;
```

```
>> n2.data = 20;
>> n3.data = 30;
```

Der Aufruf von *n1* ohne Semikolon liefert Aufschluss über die Eigenschaften des Knotens:

```
>> n1
n1 =  Node with properties:
    next: []
    data: 10
```

Die Daten wurden korrekt zugewiesen, ein Nachfolger ist aber noch nicht definiert. Allein dadurch, dass wir nacheinander drei Knoten definiert haben, wurde noch nicht festgelegt, dass diese in der Liste aufeinanderfolgen.

Dies müssen wir nachträglich noch explizit angeben, beispielsweise:

```
>> n1.next = n2
n1 = Node with properties:
    next: [1x1 Node]
    data: 10
>> n2.next = n3:
```

Der Knoten *n3* bekommt keinen Nachfolger, denn hier endet unsere Liste.

Für manche Anwendungen ist es sinnvoll, einen „Ringbuffer" zu verwenden. Dies ist eine Liste, deren Ende wieder auf den Anfang verweist. In so einem Fall wäre der Nachfolger von *n3* der Startknoten *n1*. Beim Iterieren durch einen Ringbuffer muss man aber aufpassen, dass man sich nicht in einer Endlosschleife verfängt. ■

Die Liste besteht jetzt aus den drei Knoten *n1*, *n2* und *n3*, die aufeinanderfolgen. Den ersten Knoten in der Liste, bei uns *n1*, bezeichnet man als Kopf der Liste. Dies können wir auch explizit vermerken, indem wir eine neue Variable *front* anlegen und ihr den ersten Knoten *n1* zuweisen:

```
>> front = n1;
```

Die Objekt-Variable *next* „zeigt" auf das Handle des nächsten Knotens der Liste. In diesem Sinne werde ich diese Verknüpfung der Knoten auch „Verzeigerung" bzw. „Referenzierung" nennen – obwohl MATLAB-Handles weder Zeiger noch Referenzen im Sinne von C++ sind. Bjarne Stroustrup und Dennis Ritchie mögen diese Freiheit verzeihen. ■

Vom Kopf der Liste aus können wir alle Knoten erreichen:

```
>> front
front =  Node with properties:
    next: [1x1 Node]
```

```
    data: 10
>> front.next
ans =  Node with properties:
    next: [1x1 Node]
    data: 20
>> front.next.next
ans =  Node with properties:
    next: []
    data: 30
>> front.next.next.next
ans =  0x0 Node array with properties:
    next
    data
```

Durch dieses Vorgehen werden die Knoten doppelt referenziert, einmal durch die Variablen *n1*, *n2* und *n3*, dann aber auch noch durch die Verzeigerung über *next*.

Was geschieht eigentlich mit der Liste, wenn wir die Variablen *n1*, *n2* und *n3* im Workspace löschen und auch die Hilfsvariable *ans*, die auf *front.next* verweist?

```
>> clear n1 n2 n3 ans
>> front
front =  Node with properties:
    next: [1x1 Node]
    data: 10
>> front.next
ans =  Node with properties:
    next: [1x1 Node]
    data: 20
>> front.next.next
ans =  Node with properties:
    next: []
    data: 30
```

Die Liste und die Verzeigerung gibt es weiterhin, da die Knoten zu einer Handle-Klasse gehören. Solange es noch einen Verweis auf ein Node-Objekt gibt, wird dieses Objekt nicht gelöscht. Es reicht für die Liste also vollkommen, wenn wir uns den Listen-Kopf in einer Variablen, zum Beispiel in *front*, merken.

Etwas ist noch umständlich. Der Konstruktor belegt beim Erzeugen eines Knotens das Datenfeld *data* mit der leeren Liste. Erst im zweiten Schritt haben wir dem Knoten die Daten zugewiesen. Wir sollten optional auch zulassen, dass der Konstruktor zu Beginn gleich die Daten übernimmt. Wie das geht, haben wir im *varargs*-Abschnitt kennengelernt.

Der erweiterte Konstruktor sieht dann wie folgt aus:

Listing 4.14 Konstruktor *Node* mit *varargs*-Mechanismus

```
function obj = Node( varargin )
  obj.next = Node.empty;
  if( nargin > 0 )
    obj.data = varargin{1};
  end
end
```

Bevor wir die neue Funktionalität der Klasse *Node* testen können, müssen wir alle alten Node-Objekte löschen, am besten mit dem Befehl *„clear all“*.

```
>> clear all
>> n1 = Node( 10 );
>> n1
n1 = Node with properties:
    next: []
    data: 10
```

4.2.2 Knoten-Destruktor

Lassen Sie uns die Lebensdauer eines Knoten-Objekts etwas genauer unter die Lupe nehmen. Dazu definieren wir für die Klasse *Node* auch eine Destruktor-Methode, die zur Kontrolle eine Meldung ausgibt, wenn das Node-Objekt gelöscht wird:

Listing 4.15 Destruktor von *Node*

```
function delete( obj )
  fprintf( 'delete Node: Data = %g \n', obj.data );
end
```

Wir erzeugen drei Node-Objekte *n1*, *n2* und *n3* und belegen sie schon im Konstruktor mit Daten. Anschließend verzeigern wir die Knoten mit den Nachfolgern. Den Kopf der Liste merken wir uns, wie vorher, in der Variablen front:

```
>> clear all
>> n1 = Node( 10 );
>> n2 = Node( 20 );
>> n3 = Node( 30 );
>> n1.next = n2;
>> n2.next = n3;
>> front = n1;
```

Als Nächstes löschen wir die drei Variablen *n1*, *n2* und *n3*, die beim Erzeugen der Knoten angelegt wurden:

```
>> clear ans n1 n2 n3
```

Zu dieser Operation erhalten wir keine Meldung vom Destruktor der zugehörigen Knoten. Die Handle-Objekte sind ja noch mit dem Kopf verzeigert.

Was geschieht, wenn wir einen Knoten aus der Liste löschen. Nehmen wir dazu den zweiten Knoten, auf den ursprünglich die Variable *n2* verwiesen hatte. Für die folgenden Operationen merken wir uns diesen Knoten, auf den *„front.next“* zeigt, in einer separaten Variablen mit dem Namen *k2*:

```
>> k2 = front.next
k2 =  Node with properties:
    next: [1x1 Node]
    data: 20
```

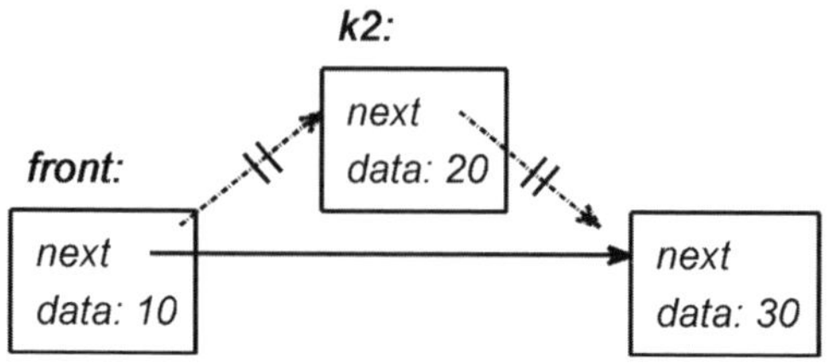

Bild 4.14 Knoten *k2* löschen

Um einen Knoten aus der Liste zu entfernen, müssen wir alle Referenzen auf ihn entfernen. *k2* ist aktuell noch der Nachfolger von *front*. Der Nachfolger von *k2* ist der letzte Knoten in der Liste mit „`data: 30`":

```
>> front.next
ans = Node with properties:
    next: [1x1 Node]
    data: 20
>> k2.next
ans = Node with properties:
    next: [1x1 Node]
    data: 30
```

An Stelle von *k2* definieren wir nun seinen Nachfolger als den Nachfolger des Knoten-Kopfes *front*.

```
>> front.next = k2.next;
```

k2 selbst soll keinen Nachfolger mehr haben. Deshalb setzen wir für *k2.next* einen leeren Knoten:

```
>> k2.next = Node.empty;
```

Überprüfen wir nun die neue Verzeigerung:

```
>> front.next
ans = Node with properties:
    next: []
    data: 30
>> front.next.next
ans =  0x0 Node array with properties:
    next
    data
>> k2
k2 = Node with properties:
    next: []
    data: 20
```

Bisher hat sich kein Destruktor gemeldet. Der ehemals zweite Knoten ist ja noch in der Variablen *k2* referenziert. Löschen wir *ans* und *k2*:

```
>> clear ans
>> clear k2
delete Node: Data = 20
```

Jetzt wurde das Knoten-Objekt endgültig gelöscht und der Destruktor aufgerufen.

Hier zeigt sich die größere Flexibilität einer Liste gegenüber dem starren Array. Man kann Elemente an einer beliebigen Stelle der Liste entfernen. Analog kann man auch an beliebigen Stellen neue Elemente einfügen. Wir hatten ja bereits die Knoten *n2* und *n3* an das jeweilige Ende der Liste angehängt.

Einen weiteren Knoten *n4* können wir beispielsweise auch in der Mitte einhängen, als Nachfolger von *front*:

```
>> n4 = Node( 40 );
```

Der ehemalige Nachfolger von *front* ist nur über *front.next* referenziert. Deshalb muss dieser Knoten, vor einer neuen Verzeigerung, als Nachfolger des neuen Knotens *n4* gerettet werden. Erst danach darf man *front.next* neu definieren:

```
>> n4.next = front.next;
>> front.next = n4;
```

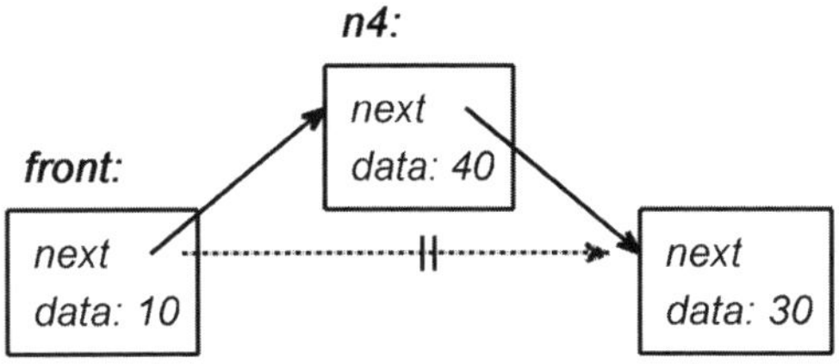

Bild 4.15 Knoten *n4* einfügen

Testen wir, ob alles korrekt verknüpft wurde:

```
>> front
front =  Node with properties:
    next: [1x1 Node]
    data: 10
>> front.next
ans =  Node with properties:
    next: [1x1 Node]
    data: 40
>> front.next.next
ans =  Node with properties:
    next: []
    data: 30
>> front.next.next.next
ans =  0x0 Node array with properties:
    next
    data
```

Es ist so, wie wir es gewünscht hatten. Löschen wir als Nächstes die überzähligen Variablen *ans* und *n4*:

```
>> clear ans n4
```

Keine Meldung vom Destruktor. Als letzten Test löschen wir den Kopf der Liste *front*:

```
>> clear front
delete Node: Data = 10
delete Node: Data = 40
delete Node: Data = 30
```

Durch diesen Aufruf wird die gesamte Liste abgeräumt. Für jeden der drei Knoten wird der Destruktor aufgerufen – Voraussetzung ist natürlich, dass Sie im Laufe der Versuche nicht doch noch ein paar Variablen erzeugt haben, die auf einen Knoten verweisen.

Auf den MATLAB-Seiten finden Sie die Definition der Klasse *dlnode*, mit der man eine doppelt verknüpfte Liste erzeugen kann. Die Objekt-Variable *Next* verweist auf den Nachfolger, ähnlich wie *next* in unserer Klasse *Node*. Zusätzlich gibt es die Variable *Prev*, die den Vorgänger referenziert.

Zusätzlich enthält *dlnode* noch Methoden, die das Einfügen und Löschen von Knoten unterstützen. Wir werden die Verwaltung der Listen jedoch in eine eigene Klasse packen. ■

4.2.3 Listen aufbauen

Im vorherigen Abschnitt hatten wir die Verzeigerung der Knoten per Hand erledigt. Dies führt leicht zu fehlerhaften Referenzen. Zu jeder vernünftigen Liste gehören deshalb Funktionen, die das Einfügen und Löschen von Knoten automatisieren.

Hierzu definieren wir eine separate Klasse mit dem Namen *List*.

Einfügen und Löschen von Knoten werden zu den Methoden der Klasse *List* gehören. Aber welche Eigenschaften benötigt ein List-Objekt?

Wir brauchen auf jeden Fall einen Verweis auf den Kopf der Liste. Dazu definieren wir die Objekt-Variable *front*.

Eine Liste entsteht meist dadurch, dass man am Ende einen weiteren Knoten anhängt. Man kann das Ende der Liste von *front* aus erreichen, indem man die Liste so lange durchläuft, bis man einen Knoten erreicht, dessen Variable *next* auf einen leeren Knoten zeigt. Dies war dann der letzte Knoten in der Liste. Das Durchsuchen kann man sich jedoch ersparen, wenn man sich zusätzlich dieses Ende der Liste in einer separaten Variablen merkt. Wir verwenden hierfür die Objekt-Variable *back*.

Mehr Informationen braucht man für die Verwaltung der Liste nicht. Die Variablen *front* und *back* werden jeweils mit einem leeren Knoten initialisiert, wie wir es bereits bei der Variablen *next* der Klasse *Node* getan haben:

Listing 4.16 Klasse *List*

```
classdef List < handle
  properties
    front = Node.empty;   % Kopf der Liste
    back  = Node.empty;   % Ende der Liste
  end  % properties
```

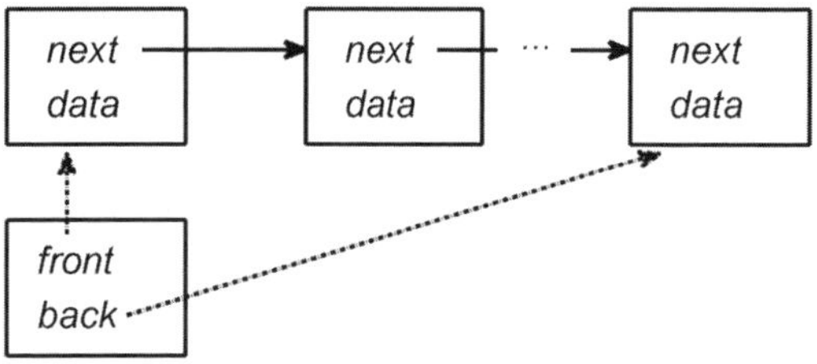

Bild 4.16 Referenzen *front* und *back*

Aufgabe des Konstruktors *List* ist es, eine leere Liste zu erzeugen:

Listing 4.17 Konstruktor von *List*

```
  methods
    % Konstruktor
    function obj = List()
      obj.front = Node.empty;
      obj.back  = Node.empty;
    end
```

Um eine Liste aufzubauen, sollte es die Methode *pushBack* geben, die den übergebenen Knoten namens *node* an den letzten Knoten des Listenobjekts *obj* anhängt. Das bisherige Listenende *obj.back* wird dadurch zum vorletzten Knoten *pre* und *node* wird das neue Ende der Liste *obj.back*:

Listing 4.18 Methode *pushBack*

```
    function pushBack( obj, node )
      pre = obj.back;        % bisheriges Ende
      obj.back = node;       % neues Ende
```

Jetzt müssen wir die Knoten untereinander noch korrekt verzeigern, wie wir das im vorherigen Abschnitt per Hand gemacht haben:

Unser neuer Knoten *node* ist der Nachfolger *next* von *pre*.

Hierbei muss jedoch der Sonderfall berücksichtigt werden, dass die Liste *obj* leer ist, also noch gar keinen Knoten enthält. In diesem Fall verweist *obj.front* auf ein leeres Knoten-Objekt. Der Knoten *pre* existiert gar nicht und unser neuer Knoten *node* ist, als einziger Knoten, sowohl das Ende als auch der Kopf der Liste:

```
      % Check, ob Liste leer ist
      if( isempty( obj.front ) )
        obj.front = node;   % neuer Kopf der Liste
```

```
      else
        pre.next = node;    % als Nachfolger von pre
      end
    end   % pushBack
  end   % methods
end   % classdef List
```

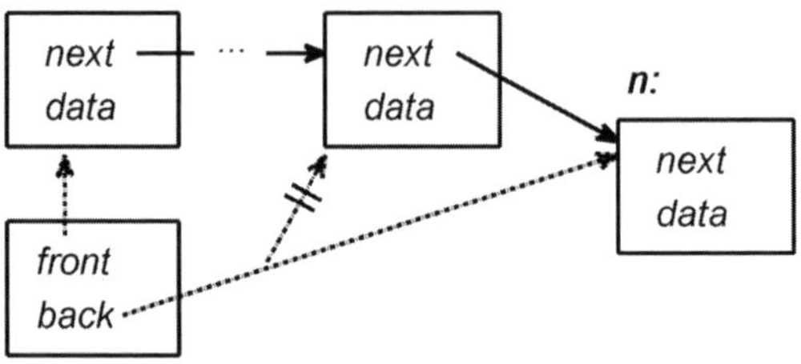

Bild 4.17 Mit *pushBack* den Knoten *n* hinten anfügen

Dies reicht aus, um unsere Liste aufzubauen:

```
>> clear all
>> l = List();
>> n = Node( 10 );
>> l.pushBack( n );
>> n = Node( 20 );
>> l.pushBack( n );
>> n = Node( 30 );
>> l.pushBack( n );
>> clear n
```

Stimmt auch die Verzeigerung der Knoten?

```
>> l.front
ans =  Node with properties:
    next: [1x1 Node]
    data: 10
>> l.front.next
ans =  Node with properties:
    next: [1x1 Node]
    data: 20
>> l.front.next.next
ans =  Node with properties:
    next: []
    data: 30
>> l.front.next.next.next
ans =  0x0 Node array with properties:
    next
    data
>> l.back
ans =  Node with properties:
    next: []
    data: 30
```

Beim Löschen der Liste werden auch die Destruktoren der Knoten korrekt aufgerufen:

```
>> clear ans
>> clear l
delete Node: Data = 10
delete Node: Data = 20
delete Node: Data = 30
```

Die Methode *pushBack* funktioniert und hat uns den Aufbau der Liste erleichtert.

Jetzt können wir weitere Methoden hinzufügen, beispielsweise die Methode *pushFront*, die einen Knoten an den Anfang der Liste hängt. Auch hier müssen wir den Sonderfall abfangen, dass die Liste noch leer ist, es also *obj.back* noch nicht gibt:

Listing 4.19 Methode *pushFront*

```
function pushFront( obj, node )
  succ = obj.front;     % bisheriger Start
  obj.front = node;     % neuer Start
  if( isempty( obj.back ) )
    obj.back  = node;
  else
    node.next = succ;
  end
end
```

Testen wir den Aufbau einer Liste mit *pushFront*:

```
>> clear all
>> l = List();
>> n = Node( 10 );
>> l.pushFront( n );
>> n = Node( 20 );
>> l.pushBack( n );
>> n = Node( 30 );
>> l.pushFront( n );
>> clear n
>> l.front
ans =  Node with properties:
    next: [1x1 Node]
    data: 30
>> l.front.next
ans =  Node with properties:
    next: [1x1 Node]
    data: 10
>> l.front.next.next
ans =  Node with properties:
    next: []
    data: 20
```

Auch der gemischte Aufruf von *pushFront* und *pushBack* funktioniert.

Als Nächstes wollen wir einen Knoten *node* mitten in die Liste einhängen, als Nachfolger eines vorhandenen Knotens *pre*. Dies erledigt die Methode *insert*. Falls *pre* der letzte Knoten in der Liste ist, müssen wir den neuen Knoten *node* als Listenende *obj.back* eintragen:

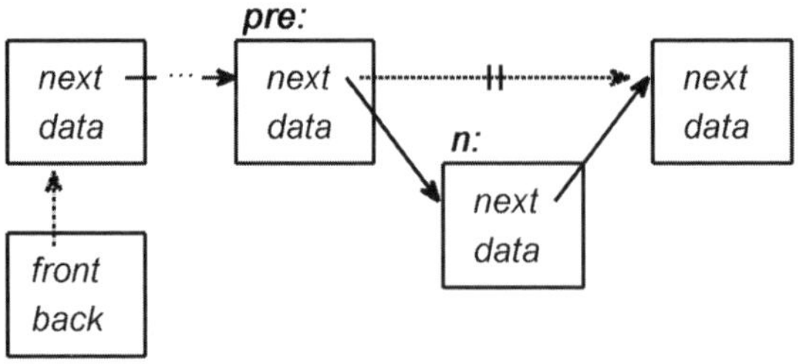

Bild 4.18 Mit *insert* den Knoten *n* nach *pre* einfügen

Listing 4.20 Methode *insert*

```
function insert( obj, pre, node )
  nxt = pre.next;      % nxt = bisheriger Nachfolger von pre
  pre.next = node;     % node als neuer Nachfolger von pre
  node.next = nxt;     % nxt wird Nachfolger von node
  if( pre == obj.back )   % falls pre das Ende der Liste war
    obj.back = node;      % node wird neues Ende der Liste
  end
end
```

Testen wir die neue Methode, nachdem wir alle vorher erzeugten Objekte gelöscht haben. Den ersten Knoten hängen wir mittels *pushBack* in die Liste. Dann fügen wir nach diesem Knoten am Anfang der Liste, also zu *l.front*, mittels *insert* den zweiten Knoten ein. Zuletzt hängen wir den dritten Knoten in die Mitte der Liste, nach *l.front* und vor dem Ende der Liste:

```
>> clear all
>> l = List();
>> n = Node( 10 );
>> l.pushBack( n );
>> n = Node( 20 );
>> l.insert( l.front, n );
>> n = Node( 30 );
>> l.insert( l.front, n );
>> l.front
ans =  Node with properties:
    next: [1x1 Node]
    data: 10
>> l.front.next
ans =  Node with properties:
    next: [1x1 Node]
    data: 30
>> l.front.next.next
ans =  Node with properties:
    next: []
    data: 20
```

Ist Ihnen aufgefallen, dass wir den Zugriff auf die Eigenschaften der Klasse *Node* nicht durch ein Attribut, wie *private* oder *protected*, eingeschränkt haben?

Der Grund hierfür ist, dass die Klasse *List* die Node-Eigenschaft *next* auslesen und ändern soll - aber eigentlich niemand sonst. In C++ gibt es dafür das Konzept der *friend*-Klassen. Für „befreundete" Klassen kann man gesonderte Zugriffsmöglichkeiten definieren.

MATLAB kennt den *friend*-Mechanismus nicht, aber man kann an Stelle einer Freundschaftsbeziehung den Zugriff für einzelne Klassen erlauben. In unserer Node-Klasse könnte man die Eigenschaft *next* beispielsweise mit folgender Deklaration nur für die Klasse *List* freigeben und die Eigenschaft *data* nur für die Klasse *Node* und ihre Kinder:

```
classdef Node < handle
  properties ( Access = { ?List } )
    next = Node.empty;
  end
  properties ( Access = protected )
    data = [];     % Daten
  end
  ...
```

4.2.4 Knoten löschen

Kommen wir zum Löschen von Knoten aus der Liste.

Am einfachsten ist es, den Knoten am Kopf der Liste zu löschen. Die Methode *popFront* setzt dazu den Kopf der Liste *obj.front* auf seinen Nachfolger *next*. Anschließend wird der nicht mehr benötigte Knoten mit dem Destruktor-Aufruf *delete* der Klasse *Node* gelöscht:

Listing 4.21 Methode *popFront*

```
function popFront( obj )
  fr = obj.front;
  obj.front = fr.next;      % neuer Kopf der Liste
  fr.delete;                % Destruktor von Node
end
```

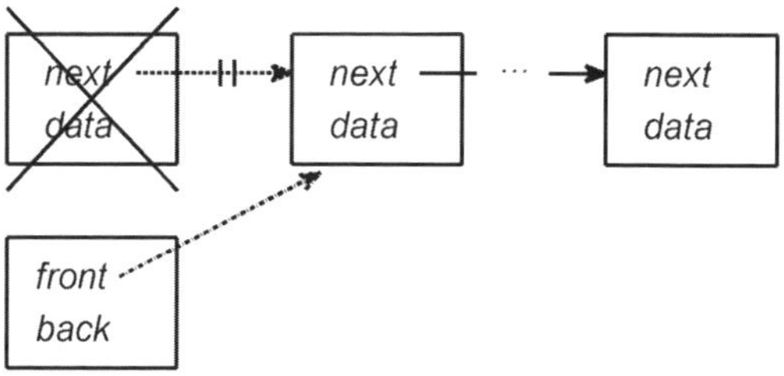

Bild 4.19 Mit *popFront* den ersten Knoten löschen

Löschen wir nun den Front-Knoten. Da wir die Klasse *List* verändert haben, müssen wir vorher leider alle Objekte löschen und sie anschließend mit exakt denselben Aufrufen wieder anlegen. Erst dann können wir die neue Methode *popFront* aufrufen:

```
>> clear all
>> ...
>> l.popFront
delete Node: Data = 10
>> l.front
ans = Node with properties:
    next: [1x1 Node]
    data: 30
>> l.front.next
ans = Node with properties:
    next: []
    data: 20
```

Jetzt sind nur noch die beiden verbliebenen Knoten in der Liste. Außerdem hat sich der Destruktor des Front-Knotens gemeldet.

Etwas schwieriger ist es, den Knoten am Ende der Liste zu löschen, weil wir dem vorletzten Knoten mitteilen müssen, dass er keinen Nachfolger mehr hat. In einer doppelt verketteten Liste könnten wir direkt vom Knoten *back* aus zurückgehen. Diese Möglichkeit haben wir in der einfach verketteten Liste nicht. Hier müssen wir vom Kopf *front* her mit einer *while*-Schleife die Liste durchlaufen, bis wir den vorletzten Knoten gefunden haben. Da man diese Funktionalität nicht nur für das Ende der Liste gebrauchen kann, haben wir die **Vorgängersuche** in die private Methode *getPre* ausgelagert:

Listing 4.22 Methode *getPre*

```
function pre = getPre( obj, node )
  act = obj.front;     % Kopf
  pre = Node.empty;    % Vorbelegung
  % kein Ende erreicht oder node gefunden bzw. leer
  while( ~isempty( act ) && (act ~= node) )
    pre = act;         % Vorgänger
    act = act.next;
  end
end
```

Die Funktion *getPre* verwenden wir für die Methode *popBack*, mit deren Hilfe man den letzten Knoten *bk* in einer Liste löschen kann. Falls es einen vorletzten Knoten gibt, dann muss dessen Nachfolger *next* auf einen leeren Knoten „Node.empty“ gesetzt werden, da er jetzt ja keinen Nachfolger mehr hat:

Listing 4.23 Methode *popBack*

```
function popBack( obj )
  bk = obj.back;
  % vorletzten Knoten suchen, darf auch leer sein
  pre = getPre( obj, bk );
  if( ~isempty( pre ) )
    pre.next = Node.empty;  % kein Nachfolger mehr
  end
```

```
  obj.back = pre;    % neues Ende
  bk.delete;
end
```

4.2.5 Listen durchsuchen

Wir können jetzt Listen anlegen, Knoten mit Daten füllen, diese zur Liste hinzufügen und auch wieder löschen. Damit haben wir den Grundstock für eine Datenverwaltung gelegt.

Eine wichtige Funktionalität fehlt aber noch: die Suche nach Daten in der Liste.

In MATLAB existiert die Funktion *findobj* mit folgender Syntax:

```
Hmatch = findobj( objArray, <conditions> )
```

Diese Funktion dient dazu, in einem Array *objArray* nach Objekten zu suchen, die gewisse Eigenschaften besitzen oder speziellen Bedingungen *conditions* genügen.

Wir werden diese Funktion für unsere Klasse *List* überladen, um in einer Liste nach Knoten mit gewissen Eigenschaften zu suchen.

Die Methode *findobj* der Klasse *List* soll in der Liste den Knoten *s* identifizieren, dessen Datenfeld *data* einen bestimmten Wert *val* aufweist. Wir gehen in unserem Beispiel davon aus, dass ein Knoten nur Zahlen als Werte übernimmt.

Wie bei der Methode *getPre* durchsuchen wir die Liste *obj* vom Kopf *front* her, bis wir den Knoten mit den gewünschten Daten gefunden haben oder das Ende der Liste erreicht ist:

Listing 4.24 Methode *findobj*

```
function s = findobj( obj, val )
  act = obj.front;     % Kopf
  s = Node.empty;      % Vorbelegung
  % Ende erreicht oder Knoten gefunden
  while( ~isempty( act ) )
    if( act.data == val )
      s = act;
      return;
    end
    act = act.next;
  end
end
```

Testen wir die Suche:

```
>> clc
>> l = List();
>> n = Node( 10 );
>> l.pushFront( n );
>> n = Node( 20 );
>> l. pushFront( n );
>> n = Node( 30 );
```

```
>> l.pushFront( n );
>> s = l.findobj( 20 )
s = Node with properties:
    next: [1x1 Node]
    data: 20
>> s = l.findobj( 0 )
s = 0x0 Node array with properties:
    next
    data
```

Das klappt sowohl dann, wenn die Suche erfolgreich war, als auch im Fall, dass kein Knoten gefunden wurde, der den Datenwert *val*, hier 0, enthält.

Eine Variante der Klasse *List*, mit weiteren Methoden, beispielsweise dem Löschen beliebiger Knoten in einer Liste, finden Sie auf meiner Homepage.

4.2.6 Fragen

- Was ist der Vorteil von Listen gegenüber Arrays?
- Erklären Sie den Unterschied zwischen einer einfach und einer doppelt verketteten Liste!
- Was ist ein Listen-Knoten?
- Wodurch entsteht die Verkettung der Knoten in einer Liste?
- Wie werden die Daten in einem Knoten abgelegt?
- Was ist ein Ringbuffer?
- Wann wird der Knoten-Destruktor aufgerufen?
- Welche Variablen benötigt man zur Listenverwaltung?
- Erklären Sie den Ablauf der Methode *insert*!
- Warum ist es in einer einfach verketteten Liste schwieriger, den letzten Knoten zu löschen als den ersten?
- Wie durchsucht man eine Liste?

4.2.7 Aufgaben

Aufgabe 4.2.1:

Schreiben Sie für die Klassen *List* und *Node* die Methode *disp*, die den Dateninhalt eines Knotens bzw. aller Knoten auf dem Bildschirm ausgibt. Beschränken Sie dabei den Zugriff auf die Eigenschaften der Klasse *Node* auf Objekte der Klasse *List*.

Aufgabe 4.2.2:

Schreiben Sie die Funktion

```
l = QuadratListe( max ),
```

die in einer Schleife die verkettete Liste *l* mit *max* Knoten aufbaut. Der n-te Knoten soll als Datenwert das Quadrat *n * n* enthalten.

Schreiben zusätzlich die Ausgabefunktion

```
printListe( l ),
```

die die Datenwerte der Knoten der Liste *l* untereinander auf dem Bildschirm ausgibt.

Aufgabe 4.2.3:

Schreiben Sie für die Klasse *List* die Methode

```
eraseNode( obj, node ),
```

die in der Liste zu *obj* den Knoten *node* sucht und aus der Liste löscht. Berücksichtigen Sie auch den Fall, dass *node* der erste oder der letzte Knoten der Liste ist.

Aufgabe 4.2.4

Schreiben Sie für die Klasse *List* die Methode

```
eraseAll( obj ),
```

die in der Liste zu *obj* alle Knoten löscht. Achten Sie darauf, dass auch die Referenzen *front* und *back* korrekt auf „Node.empty" gesetzt werden.

Aufgabe 4.2.5:

Erstellen Sie die Klasse *DNode* für eine doppelt verkettete Liste mit folgenden Eigenschaften:

```
prev    % Vorgänger
next    % Nachfolger
data    % Daten
```

Erstellen Sie auch die zugehörige Klasse *DList* zur Verwaltung einer doppelt verketteten Liste.

4.3 Grafik-Liste

In diesem Abschnitt wollen wir verkettete Listen zur Verwaltung von Grafik-Objekten nutzen. Dazu werden wir die Klassen *GrList* und *GrNode* definieren, die von *List* bzw. von *Node* abgeleitet sind. Abgeleitete Klassen werden wir im Folgenden des Öfteren antreffen, wobei manche Klassen sogar mehrfach abgeleitet sind.

Die Knoten unserer Grafik-Liste enthalten diesmal nicht Zahlen, sondern sollen auf Grafik-Objekte verweisen. Hierfür werden wir die Klasse *Shape* aus Kapitel 3 erweitern.

Ziel dieser Anwendung ist es, mit diesen Klassen auf recht einfache Weise Abbildungen zu erzeugen. Mit einer etwas erweiterten Fassung (zu finden auf meiner Homepage) habe ich auch einen Teil der Grafiken für dieses Buch generiert.

4.3.1 Grafik-Klasse *Shape*

In Kapitel 3, im Abschnitt „Vererbung", hatten wir die Value-Klasse *Shape* definiert. Die davon abgeleiteten Klassen *ShRect* und *ShTriang* konnten Rechteck- und Dreieck-Objekte erzeugen und zeichnen.

Um Grafik-Objekte in eine Liste einzuhängen, benötigen wir jedoch Objekte einer Handle-Klasse. Das heißt, wir müssen die Klasse *Shape* in eine Handle-Klasse umwandeln. Zusätzlich werden wir den Destruktor *delete* definieren, der beim Aufruf das von *Shape* referenzierte MATLAB-Grafik-Objekt *obj.hnd* mittels der Methode *clear* löscht.

Beim Aufruf von *clear* wurde auch ein Check eingebaut, ob das zugehörende MATLAB-Objekt existiert. Die Hilfs-Funktion *isMatlabHandle* gibt den Wert 1 zurück, wenn das MATLAB-Handle *obj* belegt wurde (nicht *isempty*). Mit Hilfe der Funktion *ishandle* wird außerdem geprüft, ob *obj* ein gültiges und existierendes Handle ist:

Listing 4.25 Funktion *isMatlabHandle*

```
function res = isMatlabHandle( obj )
  res = 1;
  if( isempty(obj) || ~ishandle(obj) )
    res = 0;
  end
end
```

Hiermit sieht die erweiterte Klasse *Shape* wie folgt aus:

Listing 4.26 Klasse *Shape*

```
classdef Shape < handle
  properties (Access = protected)
    x = 0;          % x-Position, links unten
    y = 0;          % y-Position
    hnd = [];       % MATLAB-Graphic Handle zu Objekt
  end  % properties
  methods
    % Konstruktor
    function obj = Shape( x, y )
      obj.x = x;
      obj.y = y;
      obj.hnd = [];
    end
    %  MATLAB-Objekt löschen, u.a. für Neuzeichnen
    function clear( obj )
      if( isMatlabHandle(obj.hnd) )
        delete( obj.hnd );  % MATLAB-Objekt löschen
        obj.hnd = [];
      end
    end
    % Shape-Destruktor
    function delete( obj )
      fprintf( 'delete: Shape-Objekt \n' ); % Ausgabe
      clear( obj );     % entfernt MATLAB-Grafik-Objekt
      obj.hnd = [];
    end
```

```
    % Objekt verschieben
    function obj = move( obj, dx, dy )
      obj.x = obj.x + dx;
      obj.y = obj.y + dy;
    end
  end  % methods
  % Abstrakte Methoden
  methods (Abstract)
    draw( obj );
  end
end
```

Die von *Shape* abgeleitete Klasse *ShRect* werden wir ebenfalls erweitern, um die Eigenschaften des Rechtecks, wie Linienstärke und Linienart, definieren zu können. Vorher wollen wir uns aber mit Text-Elementen in einer Grafik befassen.

4.3.2 Grafik-Text

Zu einer Grafik können Sie Text mit dem Befehl *text* hinzufügen:

```
hnd = text( posX, posY, 'abc' );
```

posX und *posY* legen die Text-Position im Fenster fest. `'abc'` steht hier stellvertretend für einen beliebigen Text.

Die Größe des Texts *sz* können Sie nach der Erzeugung des Texts über die Eigenschaft *FontSize* mit Hilfe des Text-Handles *hnd* verändern:

```
set( hnd, 'FontSize', sz );
```

Einen beliebigen Text *str* kann man analog über die Eigenschaft *String* neu setzen:

```
set( hnd, 'String', str );
```

Zur Erzeugung von Texten erstellen wir die von *Shape* abgeleitete Klasse *ShText*. Die Vorsilbe *Sh* dient dabei zur Kennzeichnung eines Shape-Childs, analog wie bei der Klasse *ShRect*:

Listing 4.27 Klasse *ShText*

```
classdef ShText < Shape
  properties (Access = protected)
    String   = '';
    FontSize = 10.0;
  end
  methods
    % Konstruktor übergibt String und Position
    function obj = ShText( str, posX, posY )
      obj@Shape(posX,posY);   % setzt Position des Textes
      obj.String   = str;     % Übernahme des Strings str
      obj.FontSize = 10.0;    % Vorbelegung der Textgröße
    end
```

```
    % Text zeichnen
    function draw( obj )
      clear( obj );       % Methode von Shape zum Löschen
      % Text erzeugen und MATLAB Handle merken
      obj.hnd = text( obj.x,obj.y, obj.String );
      obj.setTxtData();   % Text-Eigenschaften setzen
    end
    % alle Text-Eigenschaften setzen
    function setTxtData( obj )
      obj.setString   ( obj.String );
      obj.setFontSize( obj.FontSize );
    end
    % String für Graphic Handle hnd setzen
    function setString( obj, str )
      if( ~isShTxtObj(obj) ) return; end
      obj.String = str;            % Daten als Eigenschaft merken
      if( ~isMatlabHandle(obj.hnd) ) return; end
      set( obj.hnd, 'String', str );  % Daten setzen
    end
    % FontSize für Graphic Handle hnd setzen
    function setFontSize( obj, sz )
      if( ~isShTxtObj(obj) ) return; end
      obj.FontSize = sz;
      if( ~isMatlabHandle(obj.hnd) ) return; end
      set( obj.hnd, 'FontSize', sz );
    end
  end % methods
end
```

Unser Text-Objekt hat in dieser Minimalvariante nur die beiden Eigenschaften *String* und *FontSize*. Auf meiner Homepage finden Sie eine erweiterte Version, die auch andere Eigenschaften berücksichtigt, wie *Color*, *FontWeight*, *FontAngle* etc.

Der Konstruktor *ShText* übernimmt den Text *str* und die Position (*posX*, *posY*) des Textes. Die Position wird an die Basisklasse *Shape* weitergereicht. Mit der Shape-Methode *move* können Sie den Text nachträglich noch verschieben. Der Text wird an die Eigenschaft *String* übergeben. Die nicht explizit spezifizierte Eigenschaft *FontSize* wird mit dem Wert 10.0 vorbelegt.

Die Methode *draw* dient dazu, den Text im Grafik-Fenster zu erzeugen. Als Erstes löscht diese Methode den Text mit der Shape-Methode *clear*. Um einen Text zu aktualisieren, muss der alte Text entfernt werden. Was geschieht jedoch beim ersten Aufruf, wenn noch gar kein Text existiert? Die Methode *clear* überprüft dazu, ob das Handle *obj.hnd* überhaupt schon angelegt ist. Hierfür dient die bereits besprochene Funktion *isMatlabHandle*.

Das Erzeugen des Textes erfolgt dann mit der MATLAB-Funktion *text*. Das Handle auf das erzeugte MATLAB-Text-Objekt merken wir uns in der Variablen *obj.hnd*.

Als Letztes übergeben wir *obj.hnd* noch die Text-Eigenschaften *String* und *FontSize*.

Die Methoden *setString* und *setFontSize* können auch von außen aufgerufen werden, um beispielsweise nachträglich den *FontSize* eines Textes zu ändern. In beiden Methoden wird deshalb zur Sicherheit überprüft, ob das übergebene Objekt *obj* auch vom Typ *ShText* ist. Dazu dient die Funktion *isShTxtObj*:

Listing 4.28 Funktion *isShTxtObj*

```
function res = isShTxtObj( obj )
  res = 1;
  if( isempty( obj ) || ~isa( obj, 'ShText' ) )
    res = 0;
  end
end
```

Ist dies der Fall, wird der übergebene Wert in den Eigenschaften des Objekts gemerkt, beispielsweise die *FontSize sz*.

Anschließend wird die Eigenschaft mit der *set*-Funktion am MATLAB-Objekt *obj.hnd* gesetzt, aber nur, wenn das MATLAB-Objekt bereits erzeugt wurde. Dies wird vorher, wie in der Shape-Methode *clear*, mit der Funktion *isMatlabHandle* überprüft.

Jetzt wird es aber Zeit, unsere Text-Klasse zu testen:

```
>> clear all
>> figure
>> t1 = ShText( 'Hello,', 1, 2 );
>> t1.setFontSize( 30.0 );
>> t2 = ShText( '', 2, 1 );
>> t2.setFontSize( 40.0 );
>> t2.setString( 'world!' );
>> hold on
>> t1.draw();
>> t2.draw();
>> hold off
>> axis( [0,4,0,3] )
```

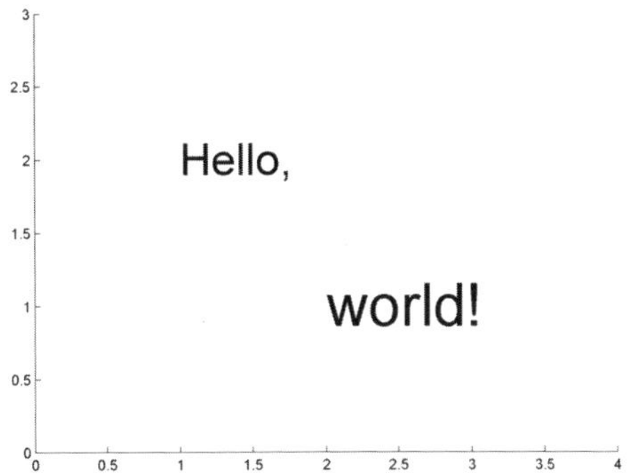

Bild 4.20 Zwei Text-Objekte in einer Grafik

4.3.3 Grafik-Linienelemente

Linienelemente, also zum Beispiel Strecken und Rechtecke, haben gemeinsame Eigenschaften, wie Linienstärke und Linienart; Eigenschaften, die für Text-Objekte nicht sinnvoll sind. Um diese Gemeinsamkeiten zu verwalten, werden wir zwischen *Shape* und den Linien-Klassen die abstrakte Klasse *ShLines* zur Verwaltung dieser Daten einschieben. *ShLines* ist also von *Shape* abgeleitet und dient ihrerseits als Basisklasse beispielsweise für *ShRect*.

Bevor wir aber zur Klasse *ShLines* kommen, müssen wir uns noch darum kümmern, wie wir die verschiedenen Linienarten verwalten wollen. Dazu definieren wir die Value-Klasse *LnStyle*, die die verfügbaren Typen als Aufzählung (*enumeration*) enthält. Zusätzlich gibt es eine statische Methode, um die Linienart mit der *set*-Funktion als Text an ein MATLAB-Grafik-Objekt zu übergeben. Hierbei erlauben wir als Übergabewert *style* sowohl einen in der Aufzählung definierten Typ als auch den entsprechenden Text, also zum Beispiel *LnStyle.solid* oder auch '-':

Listing 4.29 Klasse *LnStyle*

```
classdef LnStyle
  enumeration
    none      % ('')
    solid     % ('-')
    dashed    % ('--')
    dotted    % (':')
    dashdot   % ('-,')
  end
  methods (Static)
    % LineStyle für MATLAB-Handle obj setzen
    function set( obj, style )
      if( ~isMatlabHandle(obj) ) return; end
      % Text für set-Funktion definieren
      switch( style )
        case { LnStyle.solid, '-' }
          str = '-';
        case { LnStyle.dashed, '--' }
          str = '--';
        case { LnStyle.dotted, ':' }
          str = ':';
        case { LnStyle.dashdot, '-.' }
          str = '-.';
        otherwise
          return;
      end
      % nur diese Typen setzen
      set( obj, 'LineStyle', str );
    end
  end % methods (Static)
end
```

Des Weiteren gibt es die Funktion *isShLnObj*, die testet, ob das übergebene Objekt *obj* vom Typ *ShLines* ist:

Listing 4.30 Funktion *isShLnObj*

```
function res = isShLnObj( obj )
  res = 1;
  if( isempty( obj ) || ~isa( obj, 'ShLines' ) )
    res = 0;
  end
end
```

Jetzt haben wir alle Elemente zusammen, um die Klasse *ShLines* zu verstehen. Die Checks und Zugriffs-Methoden sind wie in der Klasse *ShText* definiert:

Listing 4.31 Klasse *ShLines*

```
classdef ShLines < Shape
  properties (Access = protected)
    LineWidth  = 0.5;
    LineStyle  = LnStyle.solid;
  end % properties
  methods
    % Konstruktor:
    function obj = ShLines( posX, posY )
      obj@Shape(posX,posY);
      obj.LineWidth = 0.5;
      obj.LineStyle = LnStyle.solid;
    end
    % Lines-Eigenschaften setzen
    function setLnData( obj )
      obj.setLnStyle   ( obj.LineStyle );
      obj.setLineWidth( obj.LineWidth );
    end
    % LineWidth für ShLines Handle obj setzen
    function setLineWidth( obj, wid )
      if( ~isShLnObj(obj) ) return; end
      obj.LineWidth = wid;
      if( ~isMatlabHandle(obj.hnd) ) return; end
      set(obj.hnd, 'LineWidth', wid );
    end
    % LnStyle für ShLines Handle obj setzen
    function setLnStyle( obj, style )
      if( ~isShLnObj(obj) ) return; end
      obj.LineStyle = style;
      LnStyle.set( obj.hnd, style );
    end
  end % methods
end
```

ShLines ist eine abstrakte Klasse. Der Aufruf des Konstruktors führt deshalb zur Fehlermeldung:

```
>> obj = ShLines( 2, 3 )
   Abstract classes cannot be instantiated.
   Class 'ShLines' inherits abstract methods or
   properties but does not implement them.
   Abstract methods for class ShLines:
      draw   % defined in Shape
```

Als erste Anwendung von *ShLines* definieren wir die Klasse *ShLine* zum Zeichnen einer einzigen Linie. Der Konstruktor übernimmt die Ausdehnung der Linie in x- bzw. y-Richtung, gespeichert in den Objekt-Variablen *lenX* und *lenY*. Optional, mittels *varargs*-Mechanismus, kann auch noch der Startpunkt (*x*,*y*) übergeben werden:

Listing 4.32 Klasse *ShLine*

```
classdef ShLine < ShLines
  properties (Access = private)
    lenX = 0;
    lenY = 0;
  end % properties
  methods
    % Konstruktor
    function obj = ShLine( lenX, lenY, varargin )
      posX = 0;
      posY = 0;
      if( nargin == 4 ) % optional posX, posY
        posX = varargin{1};
        posY = varargin{2};
      end
      obj@ShLines(posX,posY);
      obj.lenX = lenX;
      obj.lenY = lenY;
      obj.hnd = [];
    end
    function draw( obj )
      clear( obj );    % Methode von Shape
      % Koordinaten
      x = [obj.x, obj.x + obj.lenX];
      y = [obj.y, obj.y + obj.lenY];
      % Plotten und MATLAB Handle merken
      obj.hnd = plot( x,y );
      % Lines-Eigenschaften setzen
      obj.setLnData();
    end
  end % methods
end
```

Testen wir unsere Klasse, indem wir zwei Linien erzeugen und einen Text einfügen, der am Ende der ersten Linie steht:

```
>> clear all
>> figure
>> l1 = ShLine( 3, 1 );
>> l1.setLineWidth( 2 );
>> t1 = ShText( 'Linie 1', 3, 1 );
>> t1.setFontSize( 16.0 );
>> l2 = ShLine( 3, -1, 1, 2 );
>> l2.setLineWidth( 3 );
>> l2.setLnStyle( LnStyle.dotted );
>> hold on
>> l1.draw();
>> t1.draw();
>> l2.draw();
>> hold off
```

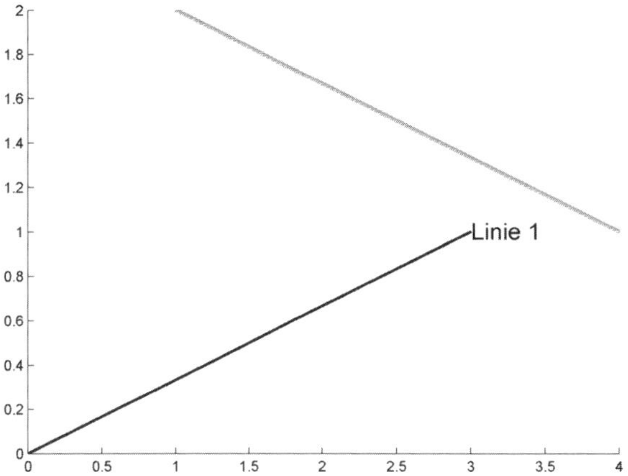

Bild 4.21 Zwei Linien-Objekte und ein Text-Objekt

Am Schluss sollten wir noch aufräumen, das heißt alle Objekte wieder aus dem Workspace löschen:

```
>> clear all
delete: Shape-Objekt
delete: Shape-Objekt
delete: Shape-Objekt
```

Wenn die letzte Referenz auf eines der drei Shape-Objekte gelöscht wird, meldet sich der zugehörige Destruktor *delete*.

Parallel dazu werden in der Zeichnung auch alle MATLAB-Objekte gelöscht, in unserem Fall die beiden Linien und der Text. Hierzu hatten wir in der Klasse *Shape* die Methode *clear* eingebaut, die für ein gültiges MATLAB-Handle *obj.hnd* den Befehl *delete* aufruft.

Beachten Sie: Dieses *delete* ist der in MATLAB eingebaute Originalbefehl und nicht der Destruktor-Aufruf von *Shape*. In *Shape* haben wir den *delete*-Befehl für Shape-Objekte überladen – eine typische Anwendung der Polymorphie in der OOP.

Übrig bleibt eine leere *figure*. Um diese werden wir uns später kümmern, wenn wir die Klasse *GrList* erstellen.

Jetzt könnten wir die Klasse *ShRect* anpassen. Doch vorher wollen wir uns noch mit einer anderen Frage beschäftigen:

Wie erzeuge ich unabhängige Kopien der Grafik-Objekte?

4.3.4 Kopierkonstruktor

Was geschieht, wenn ich das Handle eines Grafik-Objekts, beispielsweise *l1*, einer weiteren Variablen *l2* zuweise und danach die Eigenschaften dieser zweiten Variablen *l2* verändere, sie beispielsweise mittels der Methode *move* um ein Stück verschiebe?

```
>> clear all
>> figure
>> l1 = ShLine( 3, 1 );
>> l1.setLineWidth( 2 );
>> l2 = l1;
>> l2.move( 1, 1 );
>> hold on
>> l1.draw();
>> l2.draw();
>> hold off
>> axis( [0,4,0,2] )
```

Die zweite Linie zu *l2* wurde korrekt um die Strecke (1, 1) verschoben. Aber dasselbe geschah auch mit dem Objekt zu *l1*.

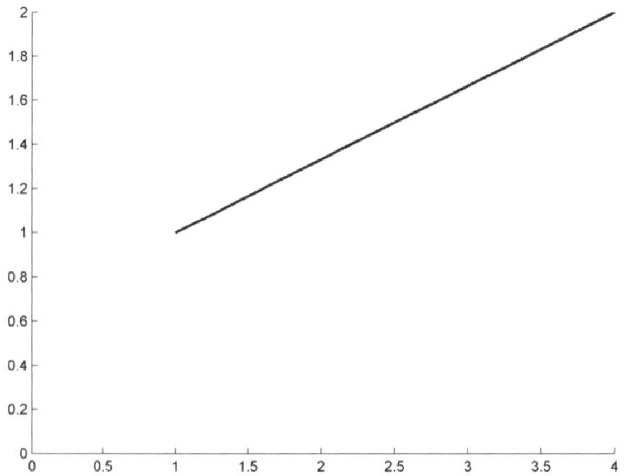

Bild 4.22 Zuweisung einer Referenz ist keine Kopie des Objekts

Die Objekte der Klasse *Shape* sind Handle-Objekte. Deshalb ist *l1* gar nicht das Grafik-Objekt, sondern nur eine Referenz darauf. Wenn ich *l1* einer weiteren Variablen *l2* zuweise, dann erzeuge ich nur eine zweite Referenz – aber auf dasselbe Objekt. Änderungen an *l2* wirken deshalb auf dasselbe Objekt, das auch *l1* referenziert.

Wenn ich an Stelle einer zweiten Referenz wirklich ein zweites Objekt anlegen will, dann muss ich anders vorgehen. Ich muss mit Hilfe des Konstruktors ein weiteres Grafik-Objekt erzeugen.

Gut, jetzt könnte ich alle Schritte von Anfang an ein zweites Mal durchlaufen, also den Konstruktor-Aufruf, die Definition der Eigenschaften etc., und so ein weiteres, unabhängiges Objekt definieren. Doch das ist zu viel an doppelter Handarbeit. Die OOP-Sprachen bieten hierfür eine bessere Lösung: den Kopierkonstruktor, englisch **Copy Constructor**.

Der Kopierkonstruktor erhält als Eingabewert die Referenz auf ein bestehendes Objekt *obj1* derselben Klasse. Da wir in MATLAB pro Klasse nur einen Konstruktor definieren können, müssen wir, wie bereits öfter geübt, hierfür den *varargs*-Mechanismus verwenden, um zu prüfen, ob der Konstruktor ein Objekt vom Typ der Klasse *ShLine* übergeben bekommt.

Als Erstes erzeugt der Konstruktor *ShLine* ein neues, unabhängiges Objekt *obj*. Dann muss man zwischen den drei Varianten unterscheiden:

- Konstruktor mit nur einem Übergabewert: Kopierkonstruktor mit dem übergebenen Objekt *obj1* in *varargin*{1};
- zwei Übergabewerte: *lenX* und *lenY* wurden übergeben;
- vier Übergabewerte: *poxX* und *posY* wurden zusätzlich übergeben.

Listing 4.33 Kopierkonstruktor der Klasse *ShLine*

```
function obj = ShLine( varargin )
  obj@ShLines(0,0);      % Konstruktor, mit (0,0) belegt
  obj.hnd = [];
  isCopyConstr = 0;      % Merker für Copy-Konstruktor-Fall
  posX = 0;
  posY = 0;
  % 1 Argument: Copy-Konstruktor
  if( nargin == 1 )
    obj1 = varargin{1};
    if( isa( obj1, 'ShLine' ) )
      isCopyConstr = 1;
    else     % Fehlerfall
      obj = ShLine.empty;
      error( 'ShLine Kopierkonstruktor: falsches Argument' );
    end
  % mindestens 2 Argumente: lenX, lenY
  elseif( nargin >= 2 )
    len_X = varargin{1};
    len_Y = varargin{2};
    % und noch posX und posY
    if( nargin == 4 )
      posX = varargin{3};
      posY = varargin{4};
    end
  end
  if( isCopyConstr )     % Fall Copy-Konstruktor
    setData( obj, obj1 );
  else                   % explizit gesetzte Daten
    obj.x = posX;
    obj.y = posY;
    obj.lenX = len_X;
    obj.lenY = len_Y;
  end
end
```

Am Schluss kommt noch die Aufgabe, dem neuen Objekt *obj* die Eigenschaften zuzuweisen, entweder die explizit übergebenen Werte, also *lenX*, *lenY*, *posX* und *posY*, oder die Daten des übergebenen Objekts *obj1*, wofür die private Methode *setData* definiert wurde:

Listing 4.34 Methode *setData*

```
methods ( Access = private )
  function setData( obj, obj1 )
    obj.x = obj1.x;
    obj.y = obj1.y;
```

```
      obj.lenX = obj1.lenX;
      obj.lenY = obj1.lenY;
      setLnData( obj, obj1 );   % Methode von ShLines
    end
  end
```

Um die ShLines-Daten von *obj1* zu übernehmen, wurde außerdem in der Klasse *ShLines* die Methode *setLnData* um die optionale Übergabe eines ShLines-Objekts erweitert:

Listing 4.35 Methode *setLnData*

```
function setLnData( obj, varargin )
  if( nargin > 1 )  % Übergabe eines Objekts obj1
    obj1 = varargin{1};
  else
    obj1 = obj;
  end
  obj.setLnStyle  ( obj1.LineStyle );
  obj.setLineWidth( obj1.LineWidth );
end
```

Jetzt können wir den Kopierkonstruktor testen. Der Ablauf ist nahezu identisch mit dem vorherigen Fall. Nur verwenden wir zur Definition der zweiten Referenz *l2* den Kopierkonstruktor-Aufruf „`l2 = ShLine( l1 );`" an Stelle der direkten Zuweisung „`l2 = l1;`":

```
>> clear all
>> figure
>> l1 = ShLine( 3, 1 );
>> l1.setLineWidth( 2 );
>> l2 = ShLine( l1 );
>> l2.move( 1, 1 );
>> hold on
>> l1.draw();
>> l2.draw();
>> hold off
>> axis( [0,4,0,2] )
```

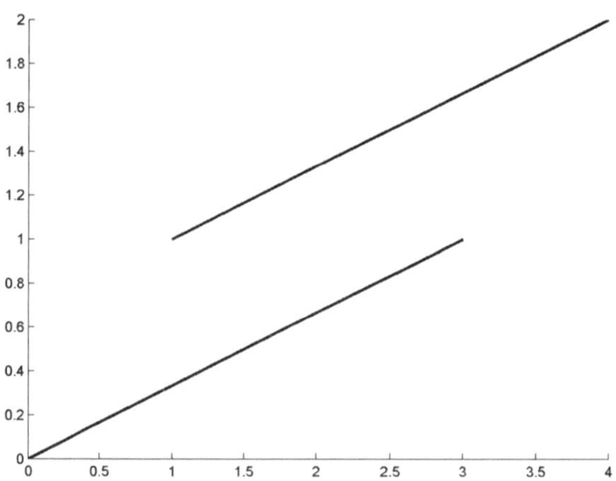

Bild 4.23 Neue Referenz *l2* über Kopierkonstruktor-Aufruf

Die Abbildung zeigt, dass wir diesmal wirklich eine unabhängige Kopie von *l1* erzeugt haben, deren Eigenschaften man separat verändern kann.

Bauen wir als Nächstes auch die Klasse *ShRect* um. Bis auf die Methode *draw*, die wir bereits in Kapitel 3 besprochen haben, und die Ersetzung von *ShLine* durch *ShRect* bei allen Abfragen ist diese Klasse identisch mit *ShLine*:

Listing 4.36 Methode *draw* der Klasse *ShRect*

```
function draw( obj )
  clear( obj );     % Methode von Shape: alte Grafik löschen
  % Koordinaten
  x1 = obj.x;
  x2 = obj.x + obj.lenX;
  y1 = obj.y;
  y2 = obj.y + obj.lenY;
  % 5 Punkte für 4 Linien
  x = [x1,x2,x2,x1,x1];
  y = [y1,y1,y2,y2,y1];
  % Plotten und MATLAB Handle merken
  obj.hnd = plot( x,y );
  % Lines-Eigenschaften setzen
  obj.setLnData();
end
```

Testen wir zum Abschluss unsere Grafik-Objekte vom Typ *ShRect*, *ShLine* und *ShText* und die zugehörenden Kopierkonstruktoren:

```
>> clear all
>> figure
>> r1 = ShRect( 5, 3 );
>> r1.setLineWidth( 2 );
>> r2 = ShRect( r1 );
>> r2.move( 1, 1 );
>> l1 = ShLine( 3, 1 );
>> l1.setLineWidth( 2 );
>> l2 = ShLine( l1 );
>> l2.setLnStyle( LnStyle.dotted );
>> l2.move( 1, 1 );
>> t1 = ShText( 'Text', 2, 2 );
>> t1.setFontSize( 16.0 );
>> hold on
>> r1.draw();
>> r2.draw();
>> l1.draw();
>> l2.draw();
>> t1.draw();
>> hold off
```

Wir erhalten fünf unabhängige Objekte, deren Eigenschaften man einzeln definieren kann.

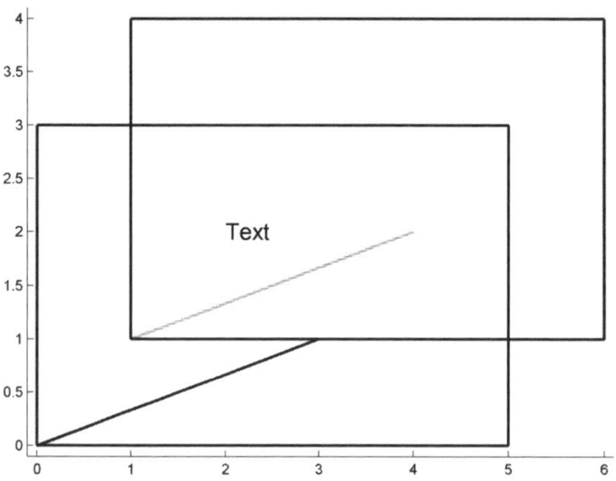

Bild 4.24 Mehrere Grafik-Objekte

In MATLAB gibt es mit *rectangle* einen eigenen Befehl, um Rechtecke zu erzeugen. Hierbei können Sie auch die Ecken abrunden und damit sogar Kreise und Ellipsen zeichnen. Außerdem können Sie den *rectangle*-Flächen eine Füllfarbe zuweisen. Für Linien-Objekte gibt es den separaten Befehl *line*.

Wir haben jedoch für unsere Klasse *ShRect* den bereits vorher eingeführten *plot*-Befehl verwendet, um als Erweiterung auch Grafiken mit beliebig vielen Linien verwalten zu können.

4.3.5 Grafik-Knoten

Jetzt sind wir so weit, dass wir die verketteten Listen auf Grafik-Objekte vom Typ Shape anwenden können. Für die Grafik-Knoten erzeugen wir die von *Node* abgeleitete Klasse *GrNode*, deren Konstruktor ein Shape-Objekt *sh* erwartet, das in die Node-Variable *data* eingehängt wird. Die Elemente der neuen Klasse *GrNode* sind diesmal also selbst wieder Objekte einer anderen, von uns definierten Klasse.

Zur Sicherheit erfolgt vorher mit Hilfe der Funktion *isShapeObj* ein Test, ob der übergebene Wert *obj* auch wirklich ein Shape-Objekt bzw. ein Shape-Kind darstellt:

Listing 4.37 Funktion *isShapeObj*

```
function res = isShapeObj( obj )
  res = 1;
  if( isempty( obj ) || ~isa( obj, 'Shape' ) )
    res = 0;
  end
end
```

Die Klasse *GrNode* enthält keine eigenen Objekt-Variablen. Deshalb entfällt der Bereich *properties* in der *classdef*-Beschreibung. Im Destruktor *delete* der Vater-Klasse *Node* muss die *fprintf*-Anweisung leicht abgeändert werden, da die Variable *data* jetzt keine Zahl mehr enthält, sondern ein Shape-Objekt. Als zusätzliche Methode bekommt *GrNode* die Funktion *draw*, die ihrerseits die *draw*-Methode der zugehörigen Shape-Klassen aufruft:

Listing 4.38 Klasse *GrNode*

```
classdef GrNode < Node
  methods
    function obj = GrNode( sh )
      % Test, ob Shape-Objekt übergeben wurde
      if( ~isShapeObj(sh) )
        sh = [];
      end
      % Konstruktor der Basisklasse mit Übergabe von sh
      obj@Node( sh );
    end
    function draw( obj )
      % Test, ob Shape-Objekt im Knoten hängt
      if( ~isShapeObj(obj.data) ) return; end
      % Aufruf der Shape-Methode draw
      draw( obj.data );
    end
  end  % methods
end
```

Testen wir unsere Grafik-Knoten mit zwei Rechteck-Objekten und einem Text-Objekt:

```
>> clear all
>> r1 = ShRect( 10, 8 );
>> r1.setLineWidth( 2.0 );
>> n1 = GrNode( r1 );
>> r2 = ShRect( 5, 4, 2, 2 );
>> r2.setLineWidth( 2.0 )
>> n2 = GrNode( r2 );
>> t1 = ShText( 'Text', 3,3 );
>> t1.setFontSize( 30 );
>> n3 = GrNode( t1 );
>> hold on
>> n1.draw
>> n2.draw
>> n3.draw
>> hold off
```

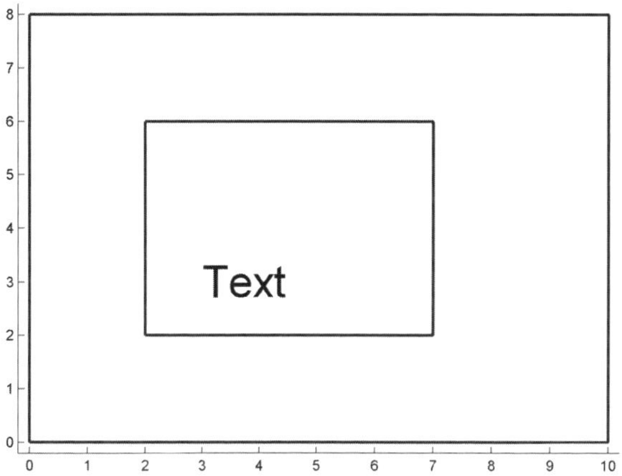

Bild 4.25 Grafik-Knoten mit zwei Rechtecken und einem Text

Nach dem Löschen der Objekte melden sich auch brav die Destruktoren der Basis-Klasse *Node* und die der Shape-Objekte:

```
>> clear all
delete: Node
delete: Shape-Objekt
delete: Node
delete: Shape-Objekt
delete: Node
delete: Shape-Objekt
```

In Abschnitt 4.2 hatten wir Zahlen vom Typ *double* als Daten in den Listenknoten geführt. In den Grafik-Knoten verweist die Objekt-Variable *data* jedoch auf Referenzen vom Typ *Shape*. In typisierten Sprachen, wie C++, wäre es nicht ohne Weiteres möglich gewesen, eine Variable mit unterschiedlichen Datentypen zu belegen.

Dieses Problem wurde in C++ durch die Einführung von **Templates** gelöst. In Java gibt es analog die Generics. Dadurch ist es möglich, Datentypen variabel zu halten und trotzdem einen Check auf Typkonsistenz durchzuführen. Dies führt in den Bereich der Generischen Programmierung, in der auch Typen als Argumente verwendet werden.

In MATLAB sind Templates nicht implementiert. Da MATLAB von sich aus jedoch keinen Typencheck durchführt, können wir trotz des Fehlens von Templates in unseren Listen beliebige Typen verwenden. ■

Wir haben keinen Kopierkonstruktor für die Klasse *GrNode* eingebaut. Wenn ein Objekt selbst andere Objekte enthält, in unserem Fall ein Shape-Objekt in der Variablen *data*, reicht es nicht mehr aus, nur eine unabhängige Kopie des eigentlichen Objekts zu erzeugen, sondern man muss auch alle eingehängten Objekte kopieren. Dies führt in den Bereich des **Deep Copy**, der sogenannten „tiefen Kopie".

4.3.6 Grafik-Liste

Jetzt benötigen wir noch die von *List* abgeleitete Klasse *GrList* zur Verwaltung der Grafik-Listen. Folgende zusätzliche Funktionalität soll diese Klasse zu Verfügung stellen:

- Erzeugen und Löschen der *figure* zur Grafik. Hierzu dient in den *properties* die Variable *fig*;
- die Methode *draw* zum Zeichnen aller Grafik-Objekte in der Liste;
- die Methode *noTicks* zum optionalen Abschalten der Achsenbeschriftungen;
- einen Destruktor, der u.a. die *figure* löscht. Dadurch werden auch automatisch die Destruktoren aller Knoten aufgerufen, die sonst nicht referenziert sind.

Listing 4.39 Klasse *GrList*

```
classdef GrList < List
  properties
    fig = NaN;
  end% properties
  methods
    % Konstruktor
    function obj = GrList()
      obj@List();
      obj.fig = figure;
    end
    function draw( obj )
      hold on
      node = obj.front;
      % next suchen bis Ende
      while( ~isempty(node) )
        draw( node );        % aktuellen Knoten plotten
        node = node.next;
      end
      hold off
      axis equal
    end
    function noTicks( obj )
      set( gca, 'XTick', [] );
      set( gca, 'YTick', [] );
    end
    % Destruktor
    function delete( obj )
      if( isMatlabHandle(obj.fig) )
        delete( obj.fig );   % figure löschen
        obj.fig = NaN;
      end
      fprintf( 'delete: GrList \n' );
    end
  end  % methods
end
```

Das war jetzt viel Text. Deshalb zum Abschluss die Zusammenhänge als Grafik:

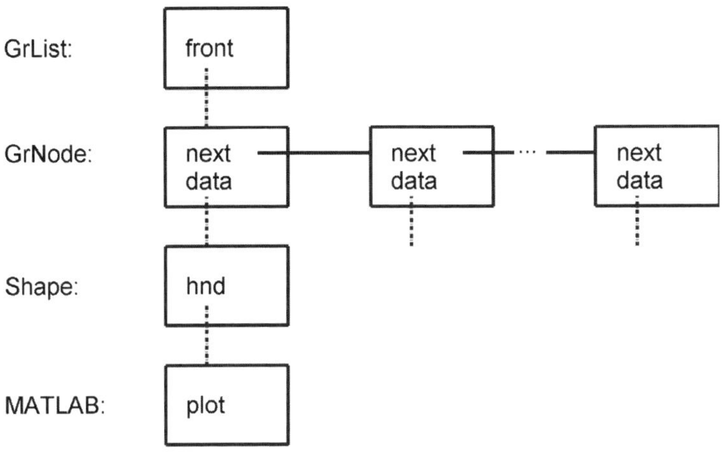

Bild 4.26 Übersicht über den Aufbau der Grafik-Liste

Für den längeren Code zur Erzeugung der gerade abgedruckten Grafik habe ich einen separaten M-File erzeugt. Hierin werden zu Beginn die Variablen für die exakte Positionierung der Objekte definiert. Ein Teil der Objekte wurde als Kopien anderer Objekte angelegt. Für *ShText* habe ich auch noch einen Kopierkonstruktor definiert, analog aufgebaut wie in der Klasse *ShLine* (den vollständigen Code finden Sie auf meiner Homepage):

Listing 4.40 M-File zum Erzeugen der obigen Grafik

```
function g = testGrList()
  clear all
  txt_s  = 14;    % Text-Size
  breite = 6;     % Rechteck-Maße
  hoehe  = 4;
  % x-Pos der Rechtecke
  ...
  % y-Pos der Rechtecke
  ...
  % Listen-Kopf
  g = GrList();

  % GrList
  s = ShText( 'GrList:', start0, txt_4 );
  s.setFontSize( txt_s );
  g.pushBack( GrNode( s ) );

  s = ShRect( breite, hoehe, start, unten4 );
  s.setLineWidth( 2 );
  g.pushBack( GrNode( s ) );

  s = ShText( 'front', start+txt_d, txt_4 );
  s.setFontSize( txt_s );
  g.pushBack( GrNode( s ) );

  % Line zu GrNode
  s = ShLine( 0, 3, start+2*txt_d, oben3 );
  s.setLineWidth( 2 );
  s.setLnStyle( LnStyle.dashdot );
  g.pushBack( GrNode( s ) );

  % GrNode
  s = ShText( 'GrNode:', start0, txt_3a );
  s.setFontSize( txt_s );
  g.pushBack( GrNode( s ) );

  r = ShRect( breite, hoehe, start, unten3 );
  r.setLineWidth( 2 );
  g.pushBack( GrNode( r ) );

  sa = ShText( 'next', start+txt_d, txt_3a );
  sa.setFontSize( txt_s );
  g.pushBack( GrNode( sa ) );

  sb = ShText( 'data', start+txt_d, txt_3b );
  sb.setFontSize( txt_s );
  g.pushBack( GrNode( sb ) );

  s = ShLine( diff1-breite+1.5, 0, start+breite-1.5, txt_3a );
  s.setLineWidth( 2 );
```

```
    g.pushBack(GrNode( s ) );

    % Kopie 1
    r = ShRect( r );
    r.move( diff1, 0 );
    g.pushBack( GrNode( r ) );
    ...
    % alles zeichnen
    g.draw;
    g.noTicks;
end
```

4.3.7 Fragen

- Weshalb musste die Shape-Klasse in eine Handle-Klasse umgewandelt werden?
- Was testet die MATLAB-Funktion *ishandle*?
- Welcher Befehl erzeugt einen Text innerhalb einer Grafik?
- Welcher Befehl setzt die erweiterten Text-Eigenschaften?
- Weshalb ist die Klasse *LnStyle* eine Value-Klasse?
- Weshalb wurde die abstrakte Zwischenklasse *ShLines* eingeführt?
- Erklären Sie den Begriff der Polymorphie anhand des Unterschieds zwischen dem *delete*-Operator von *Shape* und dem *delete*-Operator für MATLAB-Objekte!
- Was ist ein Kopierkonstruktor?
- Für welche Datentypen ist die Knoten-Variable *data* vorgesehen? Welche Probleme gibt es bei der Knoten-Definition in typisierten Sprachen wie C++?
- Weshalb löscht der Destruktor von *GrList* automatisch auch alle Knoten-Objekte?

4.3.8 Aufgaben

Aufgabe 4.3.1:

Erweitern Sie die Klasse *ShText* um zusätzliche Eigenschaften wie *FontWeight*, *FontAngle*, *Color*, *Rotation* etc.

Aufgabe 4.3.2:

Erweitern Sie die Klasse *ShLines* um zusätzliche Eigenschaften wie *Marker*, *Color* etc.

Aufgabe 4.3.3:

Verwenden Sie die MATLAB-Funktion *rectangle*, um von *Shape* abgeleitete Klassen für Kreise und Ellipsen zu erzeugen.

Einen Kreis erzeugt *rectangle* mit folgendem Aufruf:

```
hnd = rectangle( 'Position', [ x, y, d, d ], ...
                 'Curvature', curvature );
```

(x, y) sind die Koordinaten der linken, unteren Ecke des Rechtecks, die den Kreis umgibt.

d ist der Kreisdurchmesser (identisch in x- und y-Richtung, für Ellipsen unterschiedlich).

Der Wert [1, 1] für *curvature* erzeugt einen Kreis, ansonsten ein abgerundetes Rechteck.

Aufgabe 4.3.4:

Erzeugen Sie die von *Shape* abgeleitete Klasse *ShPlot*, die über *GrNode* ein Data-Objekt in die Grafik-Liste einhängt, um beliebige Datensätze als Plot zu Ihrer Grafik hinzufügen zu können.

Aufgabe 4.3.5:

Erzeugen Sie die von *Shape* abgeleitete Klasse *ShImage*, um beliebige Bilder zu Ihrer Grafik hinzufügen zu können.

Aufgabe 4.3.6:

Untersuchen Sie die MATLAB-Funktion *annotation*. Hiermit können Sie zu Ihrer Grafik weitere Objekte (*Annotations*) hinzufügen, beispielsweise einen Pfeil (*arrow*).

```
hnd = annotation( 'arrow', [x1,x2],[y1,y2] );
```

Annotations kann man jedoch nicht absolut platzieren, sondern immer relativ zum Grafikfenster. Ändert man den Fenster-Ausschnitt, dann wandern die *Annotations* mit.

Auf meiner Homepage finden Sie die von *ShLines* abgeleitete Klasse *ShAnnot*, mit der Sie Pfeile zeichnen können, die mit absoluten Koordinaten positioniert sind.

Vor dem Zeichnen der *Annotations* werden dafür erst alle regulären Grafik-Objekte geplottet. Danach setze ich den Ausschnitt der Zeichnung auf volle Größe ohne Rand:

```
set( gca, 'Position', [ 0, 0, 1, 1 ] );
```

Anschließend bestimmt der Befehl *axis* die Größe der Zeichnung, und die Funktion *calcAnnotPos* berechnet hierzu die relativen Positionen der *Annotations*.

Mit diesen Informationen wird die Funktion *annotations* aufgerufen.

4.4 Arduino-Board

In diesem Abschnitt geht es darum, von MATLAB aus Kontakt zu einem Mikrocontroller-Board aufzunehmen, das über die USB-Schnittstelle mit dem Rechner verbunden ist.

4.4.1 Arduino und MATLAB

Als Gerät verwende ich ein Arduino Uno. Das ist ein kleines, preiswertes Mikrocontroller-Board mit 14 Digital-I/O-Pins, 6 Pulse-Width-Modulation Digital-I/O-Pins und 6 Analog-Input-Pins. Zu Testzwecken befindet sich auf dem Board eine LED. Die Hardware-Spezifikation und die zur Verfügung gestellte Software ist Open Source. Weitere Informationen zum

Board und zur interessanten Geschichte von Arduino finden Sie in der angegebenen Literatur.

Bild 4.27 Controller-Board Arduino Uno

An die Pins des Arduinos können Dateneingänge (Sensoren für Messungen, Signale, Eingaben) und Ausgänge (Aktoren zur Steuerung oder zur Anzeige) angeschlossen werden, zum Beispiel zum Schalten von LEDs, Relais oder Motoren.

Auf der Internet-Seite von Arduino findet man die Treiber zum Board und eine integrierte Entwicklungsumgebung (**IDE**), unentgeltlich zum Herunterladen. Die Treiber sollten Sie vor der ersten Anwendung installieren.

Ein Controller-Board ist ein selbständiger, kleiner Computer, der auch alleine laufen kann. Es hat einen eigenen Prozessor, einen Schwingquarz und Speicherplatz für die Programme, die auf dem Board aktiv sind. Arduino nennt die Programme „Sketches". Im IDE können Sie, in der Sprache C++, eigene Programme für den Arduino erzeugen.

Das Board erwartet, dass in einem **Sketch** zwei Methoden definiert sind:

- *setup*() wird beim Start des Programms einmalig aufgerufen;
- *loop*() wird immer wieder durchlaufen, solange das Board aktiv ist.

Wir wollen uns hier aber nicht mit der C++-Programmierung beschäftigen, sondern das Board über MATLAB ansteuern. Auf der MathWorks-Seite finden Sie eine MATLAB-Umgebung für Arduino. Diese können Sie ebenfalls unentgeltlich herunterladen.

Zum Kontakt mit MATLAB stellt MathWorks verschiedene Sketches zur Verfügung. Wir werden den Standard-Sketch **„adioes.pde"** (Analog and Digital Input and Output Server for MATLAB) verwenden. Sie finden diesen C++-Code im Download-Ordner von MathWorks im Verzeichnis „./ArduinoIO/pde/adioes/".

Den Sketch „adioes.pde" laden wir in die Arduino-IDE. Mit Hilfe der beiden ersten Icons im IDE kompilieren wir den Sketch und übertragen ihn auf das Board. Weitere Informationen zur Bedienung des IDE finden Sie unter dem Menüpunkt „Hilfe".

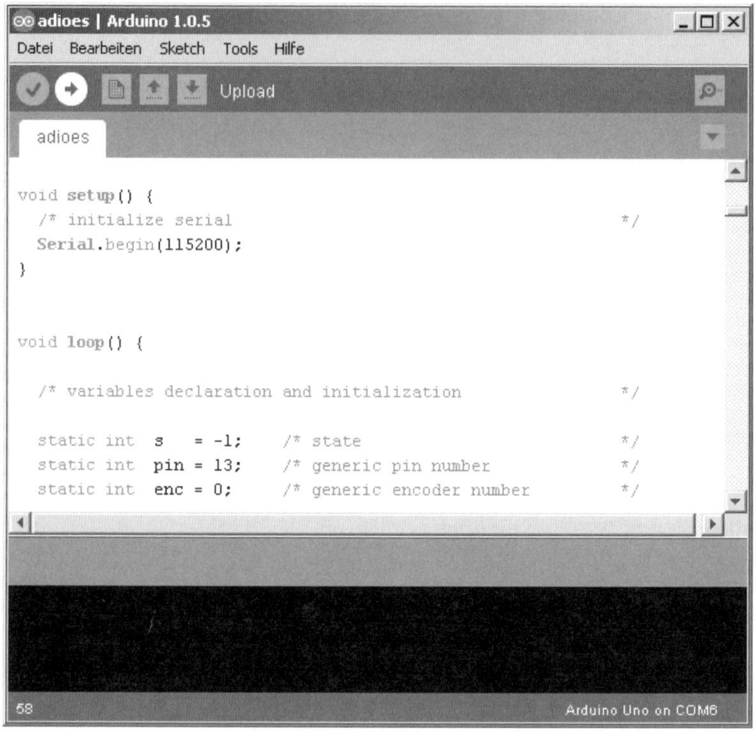

Bild 4.28 Arduino-IDE mit geladenem Sketch „adioes.pde"

Auf dem Arduino-Board läuft nun der Sketch „adioes.pde" in einer Schleife, in der die C++-Funktion *loop* periodisch aufgerufen wird. Damit ist das Board in dem Zustand, Befehle von MATLAB zu empfangen und zu interpretieren.

Im MATLAB-Verzeichnis zu Arduino gibt es auch den M-File „arduino.m". Dieser definiert die Klasse *arduino*, mit deren Hilfe man sich von MATLAB aus automatisch mit dem Board verbinden kann.

Wir werden hier jedoch die Funktionalität von „arduino.m" nicht verwenden, sondern die Verbindung Schritt für Schritt per Hand aufbauen. Dies soll Ihnen zeigen, wie man den Datenaustausch mit externen Geräten durch Basis-Befehle von MATLAB ausführen kann.

Hierfür werden wir unsere eigene Klasse *MyArduino* definieren. Bevor wir dazu kommen, müssen wir uns aber noch etwas mit dem Thema „serielle Schnittstelle" beschäftigen.

4.4.2 Serielle Schnittstelle (COM)

MATLAB kommuniziert mit dem Arduino-Board über die USB-Schnittstelle. USB ist die Abkürzung für Universal Serial Bus. Dieses serielle Bussystem dient als Schnittstelle zu externen Geräten, wie beispielsweise zu Druckern und Scannern, oder auch zu unserem Mikrocontroller-Board. Seriell bedeutet, dass bei der Kommunikation die einzelnen Bits eines Datenpakets nacheinander übertragen werden.

Zum Kontakt mit externen Geräten benötigt Ihr Rechner geeignete Treiber. Dies gilt auch für unser Board. Starten Sie dazu das Installations-Programm, das Sie von der Arduino-Seite heruntergeladen haben. Hierdurch werden die Treiber für Arduino installiert.

Als Nächstes müssen Sie das Arduino-Board an einen USB-Port ihres Rechners anschließen. Auf Rechnern mit Microsoft-Betriebssystemen sollten Sie einen Eintrag zu Ihrem Arduino in der Systemsteuerung unter „Geräte und Drucker" finden:

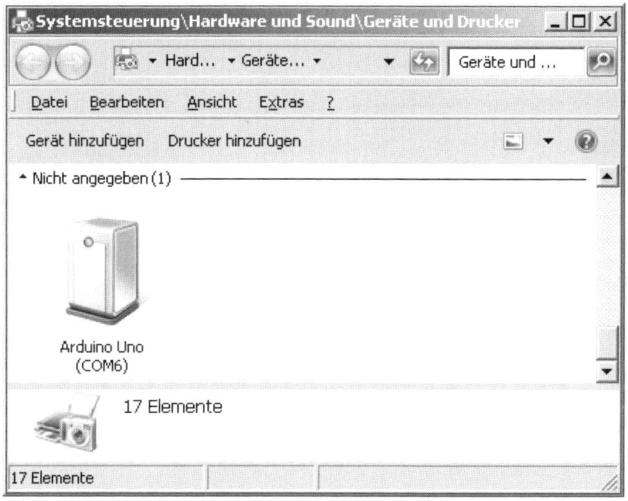

Bild 4.29 An „COM6" angeschlossenes Arduino-Board

Ich habe einen „Arduino Uno" angeschlossen. Der verwendete USB-Port trägt bei mir den Namen „**COM6**". Jeder Rechnertyp hat unterschiedlich viele USB- und sonstige Schnittstellen. Deshalb kann der bei Ihnen verwendete Port eine andere Nummer besitzen, eventuell „COM4". Suchen Sie Ihr Board unter den eingetragenen Geräten. Und merken Sie sich den Namen des angegebenen COM-Ports. Wir werden ihn zum Kontakt mit der Schnittstelle benötigen. Auch zur Übertragung der Sketches vom IDE zum Arduino-Board müssen Sie den Port im IDE vorher ausgewählt haben.

Nun können wir loslegen. Schauen wir als Erstes nach, welche Instrumente an seriellen Schnittstellen in MATLAB angemeldet sind. Hierzu dient der MATLAB-Befehl *instrfind*:

```
>> instrSer = instrfind( 'Type', 'serial' )
 instrSer = []
```

Der Eintrag ist leer. Es ist noch keine serielle Schnittstelle bekannt.

Wir müssen in MATLAB erst ein Port-Objekt erzeugen, bevor wir mit dem in der Systemsteuerung eingetragenen Gerät kommunizieren können. Dies geschieht mit der MATLAB-Funktion *serial*, die als Eingabewert den COM-Port als Text erwartet, in unserem Fall also „COM6". Als weiteren Parameter müssen wir uns auf eine Übertragungsgeschwindigkeit (**Baudrate**) einigen.

Wenn Sie sich den Sketch „adioes.pde" ansehen, finden Sie in der Funktion *setup* im Aufruf *Serial.begin* den Befehl, wie oft die Schleife *loop* pro Sekunde durchlaufen wird – 115 200-mal pro Sekunde:

```
void setup() {
  /* initialize serial */
  Serial.begin( 115200 );
}
```

Unsere Baudrate legen wir deshalb auf 115 200 Bits pro Sekunde fest. Mit diesem Wert soll MATLAB Daten an das Board schicken:

```
>> comPort  = 'COM6';
>> baudRate = 115200;
>> serPort = serial( comPort, 'BaudRate', baudRate );
```

Wenn wir jetzt nach seriellen Ports suchen, werden wir fündig:

```
>> instrSer = instrfind( 'Type', 'serial' )
   Serial Port Object : Serial-COM6
   Communication Settings
      Port:                COM6
      BaudRate:            115200
      Terminator:          'LF'
   Communication State
      Status:              closed
      RecordStatus:        off
   Read/Write State
      TransferStatus:      idle
      BytesAvailable:      0
      ValuesReceived:      0
      ValuesSent:          0
```

Der Port ist angemeldet. Mit der Funktion *isvalid* können wir das auch testen:

```
>> isvalid( serPort )
ans = 1
```

Aber im Communication State steht unter Status der Eintrag: *closed*. Wir müssen als letzten Schritt den Port mit Hilfe der Funktion *fopen* öffnen, bevor wir Daten losschicken können:

```
>> fopen( serPort );
```

Jetzt meldet *instrfind* den Status *open*. Die Methode *BytesAvailable* zeigt an, ob das Board schon Daten für uns bereitgestellt hat. Dies ist noch nicht der Fall:

```
>> serPort.BytesAvailable
ans = 0
```

Wir könnten nun mit der Datenübertragung loslegen. Dies werden wir im nächsten Abschnitt tun und zur Vereinfachung der Kommunikation eine eigene Klasse definieren.

Vorerst beenden wir aber unseren Kontakt mit dem Board und schließen die Verbindung mit der Funktion *fclose*:

```
>> fclose( serPort );
```

Als letzten Schritt löschen wir noch die angemeldete Schnittstelle durch Aufruf des Destruktors *delete*:

```
>> delete( serPort );
>> clear serPort
```

Der Befehl *instrfind* gibt nun wieder eine leere Liste zurück.

```
>> instrSer = instrfind( 'Type', 'serial' )
 instrSer = []
```

Die Kommunikation mit seriellen Schnittstellen ähnelt sehr der Kommunikation mit Dateien. Auch dort gibt es die Operationen *fopen* und *fclose*. Wir werden im nächsten Abschnitt sehen, dass auch das Senden und Empfangen von Daten formal dem Schreiben in Dateien und dem Lesen daraus entspricht. Die Daten-Streams laufen dabei jedoch über andere Input/Output-Kanäle.

4.4.3 Klasse *MyArduino*

Sie können zur Kommunikation mit dem Arduino-Board die von MATLAB zu Verfügung gestellte Datei „arduino.m" verwenden. Nur ist dieser M-File sehr lang und umfangreich, da er viele Konsistenz-Checks enthält und eine Menge von Geräten unterstützt, die an die Pins des Boards angeschlossen sein können. Für den Anfang ist dies zu viel.

Wir werden deshalb eine eigene Klasse *MyArduino* definieren, die zu Beginn nur wenige Basis-Befehle enthalten wird.

Bauen wir zuerst das nach, was wir im vorherigen Abschnitt getestet haben. Der Konstruktor *MyArduino* übernimmt den COM-Port, in unserem Fall „COM6". Die Methode *createSerial* erzeugt die Schnittstelle mit der fest eingestellten Baudrate 115 200 und merkt sich deren Handle in der Objekt-Variablen *serPort*. Die Methode *openPort* öffnet die Verbindung zum Datentransfer. Das Schließen der Verbindung und das Löschen der Schnittstelle haben wir dem Destruktor *delete* überlassen:

Listing 4.41 Klasse *MyArduino*

```
classdef MyArduino < handle
  properties
    serPort  = [];
    comPort  = '';
    baudRate = 115200;
  end   % properties
  methods ( Static )
    function instrfind()
      instrSer = instrfind( 'Type', 'serial' );
```

```
      if( isempty( instrSer ) )
        fprintf( 'Kein Gerät an einem Port angemeldet.\n' );
      else
        instrSer
      end
    end
  end  % methods (Static)
  methods
    % Konstruktor übergibt COM-Port
    function obj = MyArduino( com_Port )
      obj.comPort = com_Port;
    end
    % Schnittstelle erzeugen
    function createSerial( obj )
      obj.serPort = serial( obj.comPort, ...
                            'BaudRate', obj.baudRate);
      fprintf( 'Port wurde erzeugt.\n' );
    end
    % Verbindung öffnen
    function openPort( obj )
      try       % zur Sicherheit mit try-catch
        fopen( obj.serPort );
      catch exc
        fprintf( 'Port konnte nicht geöffnet werden:\n' );
        fprintf( '%s \n', exc.message );
        return;
      end
      fprintf( 'Port wurde geöffnet.\n' );
    end
    % Destruktor schließt die Verbindung
    function delete( obj )
      fclose( obj.serPort );
      delete( obj.serPort );
      obj.serPort = [];
      fprintf( 'Port wurde entfernt.\n' );
    end
  end  % methods
end  % classdef
```

Als statische Methode haben wir die MATLAB-Funktion *instrfind* überladen, mit der wir unabhängig von einem erzeugten Objekt testen können, ob bereits eine COM-Verbindung existiert. Im Gegensatz zur MATLAB-Funktion *instrfind* gibt unsere Methode einen Klartext aus, wenn keine Schnittstelle angemeldet ist:

```
>> MyArduino.instrfind
Kein Gerät an einem Port angemeldet.
```

Testen wir den Durchlauf mit unserer Klasse:

```
>> a = MyArduino( 'COM6' )
a =  MyArduino with properties:
     serPort: []
     comPort: 'COM6'
    baudRate: 115200
>> a.createSerial;
Port wurde erzeugt.
```

```
>> a.openPort;
Port wurde geöffnet.
>> isvalid( a.serPort )
ans = 1
>> MyArduino.instrfind
   Serial Port Object : Serial-COM6
   Communication Settings
      Port:             COM6
      BaudRate:         115200
      Terminator:       'LF'
   Communication State
      Status:           open
      ...
>> clear all
Port wurde entfernt.
```

Soweit scheint alles zu laufen. Jetzt können wir uns an die Datenübertragung machen.

Die Kommunikation mit dem Arduino-Board erfolgt durch die Übertragung von Textzeichen. Auf dem Board nimmt der Sketch „adioes.pde" diesen Text entgegen und interpretiert ihn als Befehl, den er an den Prozessor weitergibt. Eine Beschreibung dieser **Arduino-Befehle** steht in der Datei „index.html" im Unterverzeichnis „reference" des Arduino-Download-Ordners.

Der Befehl, um den Pin des Boards mit einem Spannungswert *value* zu belegen, lautet „`digitalWrite(pin,value);`". MathWorks hat im Sketch „adioes.pde" allen Befehlen eine Nummer zugewiesen, dem Befehl *digitalWrite* beispielsweise die Zahl 2. Den Digital-I/O-Pins 0 bis 13 entsprechen die Buchstaben „a" bis „n". Pin 13, der mit der Test-LED auf dem Board verbunden ist, hat also die Bezeichnung „n". Als Werte für einen Digital-Pin sind nur die binären Zahlen 0 und 1 erlaubt. Der Wert 1 bedeutet die volle Spannung von 5 Volt. Der Sketch „adioes.pde" erwartet also die Zeichenfolge „`2n1`", um Pin 13 auf den Wert 1 (*high*) zu setzen.

Am Anfang der Datei „adioes.pde" finden Sie eine Befehlsübersicht, zum Beispiel:

```
0e0 : assigns digital pin #4 (e) as input
0n1 : assigns digital pin #13 (n) as output
1c  : reads digital pin #2 (c)
2n0 : sets digital pin #13 (n) low
2n1 : sets digital pin #13 (n) high
3a  : reads analog pin #0 (a)
99  : returns script type (0 adio.pde ... 3 motor.pde )
```

Zur Datenübergabe benötigen wir jedoch nicht die Zeichen, sondern deren **ASCII-Werte**. Die Ziffern 0 bis 9 haben die ASCII-Werte 48 bis 57 = 48 + 9. Zu den Befehlsnummern müssen wir also den Wert 48 addieren, um deren ASCII-Entsprechung zu bekommen. Der Befehl *2* wird so durch die Zahl 50 repräsentiert. Analog haben die Buchstaben „a" bis „n" die ASCII-Werte 97 bis 110 = 97 + 13. Zu den Pin-Nummern 1 bis 13 müssen wir die Zahl 97 addieren.

Dem Befehl „`digitalWrite(pin,dv);`" entspricht somit die Zahlenfolge `[50, 97+pin, 48+dv]`, dem Einschalten (*dv* = 1) von Pin 13 die Folge `[50, 110, 49]`.

Um eine Befehlsfolge von MATLAB an das Board zu übertragen, verwendet man die Funktion *fwrite*. Der erste Parameter von *fwrite* definiert, in welchen I/O-Kanal geschrieben werden soll, hier in den COM-Port zum Arduino-Board. Dann kommt als zweiter Parameter die Befehlsfolge. Zum Abschluss muss noch der Datentyp für den Datenaustausch festgelegt werden. Im Fall der Kommunikation mit dem Board ist das immer der Typ *uchar* (*unsigned character*):

```
fwrite( a.serPort, [50 97+pin 48+dv], 'uchar' );
```

Doch jetzt sind wir schon einen Schritt zu weit gegangen. Zur Sicherheit sollten wir vorher testen, ob auf dem Arduino überhaupt der richtige Sketch läuft. Die Anfrage nach dem Sketch-Typ hat als Text die Befehlsfolge „99".

Testen wir dies. Vorher müssen wir jedoch unsere Verbindung, die bereits beendet war, erneut aufbauen:

```
>> a = MyArduino( 'COM6' );
>> a.createSerial;
>> a.openPort;
>> fwrite( a.serPort, [48+9 48+9], 'uchar' );
>> a.serPort.ValuesSent
ans = 2
```

Die Methode *ValuesSent* meldet, wie viele Daten an das Board gesendet wurden. Wir haben also zwei Datenwerte als Anfrage über die Schnittstelle geschickt. Kam von dort etwas zurück?

```
>> a.serPort.BytesAvailable
ans = 3
```

Es liegen drei Bytes als Antwort vor. Diese Daten können wir mit dem Befehl *fscanf* von der Schnittstelle einlesen:

```
>> sketchType = fscanf( a.serPort, '%d' )
sketchType = 2
```

Im Sketch „adioes.pde" wurde definiert, dass von ihm auf die Anfrage „99" der Wert 2 zurückgegeben wird. Die Kommunikation hat funktioniert. Und die Rückgabe erfolgt, wie beim Senden, im Format *uchar*. Das Ergebnis „2" ist 1 Byte Text, den uns die Funktion *fscanf* durch die Formatierung „%d" als ganze Zahl darstellt.

Aber *BytesAvailable* hatte uns doch 3 Bytes angekündigt. Was ist mit dem Rest?

Bei einer Datenübertragung folgt am Schluss noch ein sogenannter „Terminator", der ankündigt, dass die Übertragung abgeschlossen ist. Wenn Sie sich die Rückgabewerte von *fscanf* ohne die Formatierung anschauen, dann sehen Sie, dass auf die „2" noch zwei Zeichen folgen, nämlich die ASCII-Werte 13 = CR (*Carriage Return*) und 10 = LF (*Line Feed*). Daran wird von MATLAB das Ende der Übertragung erkannt:

```
>> data = fscanf( a.serPort );
>> int32( data )
ans =   50      13      10
        48+2    CR      LF
```

Aber jetzt sollten wir mit dem Board endlich etwas Sinnvolles machen. Bevor wir aber auf einen I/O-Pin des Boards zugreifen, müssen wir definieren, ob der Pin als Input oder als Output genutzt wird. I/O-Pins sind für beide Aufgaben geeignet, jedoch nicht zur selben Zeit.

Wir wollen für den Pin 13 Werte setzen. Das heißt, wir benötigen ihn als Output. In der Befehlsübersicht steht, dass die Folge „0n1" Pin 13 als Output festlegt. In ASCII-Werte übertragen, lautet die Folge `[48 97+13 48+1]`:

```
>> fwrite( a.serPort, [48 97+13 48+1], 'uchar' );
```

Anschließend legen wir 5 Volt an Pin 13. Hierfür dient die Folge `[50 97+13 48+1]`, die den Pin auf den digitalen Wert 1 setzt:

```
>> fwrite( a.serPort, [50 97+13 48+1], 'uchar' );
```

Die Test-LED auf dem Board, die mit PIN 13 verbunden ist, leuchtet nun.

Zum Ausschalten setzen wir den Wert auf 0:

```
>> fwrite( a.serPort, [50 97+13 48+0], 'uchar' );
```

Diese von Hand zusammengebauten Befehle könnten wir jetzt in die Klasse *MyArduino* einbauen. Dies überlasse ich jedoch Ihnen als Übung.

Zum Abschluss sollten wir den Kontakt zum Board aber noch vernünftig beenden. Das Notwendige hierzu erledigt der Destruktor, der automatisch vom Befehl *„clear all"* aufgerufen wird:

```
>> clear all
Port wurde entfernt.
```

4.4.4 Fragen

- Was ist eine serielle Schnittstelle?
- Welche Bezeichnungen haben die USB-Ports?
- Was bedeutet Baudrate?
- Welcher MATLAB-Befehl listet die angemeldeten, seriellen Schnittstellen?
- Wie erzeugt man in MATLAB ein serielles Port-Objekt?
- Welche Funktion testet, ob ein Port-Objekt gültig ist?

- Wie öffnet man die Verbindung über einen Port?
- Wie schließt man die Verbindung?
- Welche Funktion löscht eine angemeldete Schnittstelle?
- Welche Funktion schickt Daten an den Port?
- Welche Funktion liest Daten aus dem Port?
- Wie erkennt man, ob Daten am Port zum Lesen anliegen?
- Was ist ein Arduino-Sketch?
- Wie lauten die beiden Hauptfunktionen für einen Sketch?
- Wie codiert der Sketch „adioes.pde" die Arduino-Befehle?
- Wie wandelt man Ziffern und Zeichen in ihren ASCII-Code um?

4.4.5 Aufgaben

Aufgabe 4.4.1:

Definieren Sie den Digital-I/O-Pin 12 als Input und lesen Sie dessen Wert ein. Die Befehlsfolge hierfür lautet:

```
1c  : reads digital pin #2 (c)
```

Testen Sie das Verhalten, indem Sie Pin 12 mit einem Stück Draht einmal mit dem Masse-Pin und anschließend mit dem 5-Volt-Pin des Boards verbinden.

Aufgabe 4.4.2:

Testen Sie entsprechend die Analog-Pins. Die Befehlsfolge hierfür lautet:

```
3a  : reads analog pin #0 (a)
```

Aufgabe 4.4.3:

Erweitern Sie die Klasse *MyArduino* um folgende Methoden:

- *checkSketchType* Überprüfen des Sketch-Typs
- *pinMode* Digital-Pin als Input oder Output setzen
- *digitalWrite* Belegen des Digital-Pins mit dem Wert
- *digitalRead* Einlesen der Daten von einem Digital-Pin
- *analogRead* Einlesen der Daten von einem Analog-Pin

5 Schlussbemerkungen

Fertig! Das Buch ist zu Ende, zumindest beinahe.

Was fehlt noch?

Lassen Sie uns über den Tellerrand blicken! MATLAB hat einen recht vernünftigen OOP-Ansatz. Aber wie verhält es sich im Vergleich mit anderen OOP-Sprachen?

Auf den vorausgegangenen Seiten haben wir viele unterschiedliche Bereiche behandelt, viele neue Begriffe und Befehle kennengelernt. Da verliert man leicht mal den Überblick. Deshalb zum Nachschlagen am Schluss eine Übersicht, geordnet nach Sachgebieten.

5.1 Vergleich mit anderen Sprachen

Im Vergleich zu anderen OOP-Sprachen besitzt MATLAB einige Besonderheiten. Gewisse Sprachelemente fehlen. Auf der anderen Seite bietet MATLAB spezielle Erweiterungen, mit deren Hilfe man sich weiterhelfen kann. Der Hauptunterschied zu C++ und Java liegt im fehlenden **Typ-Check** von MATLAB. Es ist deshalb nicht möglich, verschiedene Methoden mit demselben Namen aber unterschiedlicher Signatur zu definieren.

Was ist in MATLAB anders?

MATLAB kennt weder **Referenzen** noch **Zeiger**. Die Übergabe von Daten an eine Unterfunktion erfolgt immer per Pass-by-Value. Andererseits gibt es in MATLAB die Handle-Klassen. Handles verhalten sich in einigen Fällen wie Referenzen. Wenn Sie ein Handle an eine Funktion übergeben und in dieser die Eigenschaften des Handles ändern, dann ändern sich dadurch auch die Eigenschaften des ursprünglichen Handles im Scope der aufrufenden Funktion. Wir haben dies in den vorhergegangenen Kapiteln des Öfteren verwendet.

Handles sind jedoch nicht wirklich Referenzen. Wenn Sie beispielsweise eine Handle-Variable an eine Unterfunktion übergeben und darin der Variablen ein vollkommen anderes Handle zuweisen, dann verändert dies nicht das ursprüngliche Handle, wie dies in C++ der Fall wäre.

Auf welche Art und Weise bestimmt MATLAB die korrekte Funktion zu einem bestimmten Aufruf, auf Englisch als „*method dispatching*“ bezeichnet?

Wir haben in unseren Klassen des Öfteren beispielsweise die Funktion *disp* überladen. MATLAB entscheidet am ersten, dem sogenannten dominanten Parameter, welche *disp*-Funktion verwendet werden soll.

MATLAB führt also eine gewisse Typ-Überprüfung durch. Diese beschränkt sich jedoch auf den ersten Parameter einer Funktion.

Wenn Sie Methoden mit demselben Namen, aber einer unterschiedlichen Zahl von Eingangsparametern definieren wollen, dann müssen Sie auf den *varargs*-Mechanismus zurückgreifen. Damit können Sie auch einen **Kopierkonstruktor** zusammenbauen, für den es ebenfalls kein direktes MATLAB-Äquivalent gibt. Mehr Arbeit macht es, wenn Ihre Klasse weitere Handle-Objekte in den Eigenschaften enthält. Für den Kopierkonstruktor müssen Sie dann auch für diese Objekte explizit Kopien anlegen, ein sogenanntes **Deep Copy** erzeugen. Im MATLAB-Paket *mixin* finden Sie hierzu ein Bündel an Funktionalitäten, speziell im Bereich *„matlab.mixin.Copyable"*.

MATLAB kennt keine **Templates**, also die Übergabe eines Datentyps an eine Methode. In diesem Fall hilft der fehlende Typ-Check von MATLAB. Man muss bei der Verwendung einer Variablen in MATLAB deren Typ gar nicht kennen. In unserem Listen-Beispiel konnten die Knoten deshalb ganz unterschiedliche Objekt-Typen aufnehmen, ohne dass dies vorher definiert werden musste.

In C++ gibt es das Konzept der *friend*-Klassen. Ein Objekt einer „befreundeten" Klasse kann, wie Objekte von abgeleiteten Klassen, auf geschützte (*protected*) Eigenschaften zugreifen. In MATLAB erreicht man ein ähnliches Verhalten, indem man den Zugriff für spezielle Klassen erlaubt.

Dies geschieht durch folgende Vereinbarung:

```
methods ( Access = {?ClassName1, ?ClassName2, ...} )
```

Eine Besonderheit gilt für die Methode *disp*. Diese Methode, falls sie implementiert ist, wird auch aufgerufen, wenn Sie einer Variablen ein Objekt zuweisen und die Anweisung nicht mit einem Semikolon abschließen.

Ein ähnlicher Automatismus gilt für die *get*- und *set*-Methoden, falls diese implementiert sind. Die Methode *set* wird aufgerufen, wenn Sie der Eigenschaft *val* eines Objekts *obj* einen Wert zuweisen:

```
obj.val = xyz;
```

Analoges gilt für die *get*-Methode für das Auslesen von Eigenschaften:

```
xyz = obj.val;
```

Dabei spielt es keine Rolle, ob die Eigenschaft *val* das Attribut *private* besitzt. Die Definition einer *get*- oder *set*-Methode lässt den Zugriff auf diese Daten zu.

Und dann gibt es natürlich noch eine Menge an Stoff zur OOP in MATLAB, den ich durch den beschränkten Umfang eines Lehrbuchs nicht behandeln konnte, beispielsweise die Verwendung von **Dynamic Properties** oder das Erstellen einer **Testumgebung** mit Hilfe der MATLAB-Klasse *matlab.unittest.TestCase*. Tests und Fehlersuche sind meist zeitaufwendiger als das Erstellen des eigentlichen Programmcodes. Standardisierte Testmethoden gehören deshalb zu jeder seriösen Software-Entwicklung. Doch dies ist ein weites Feld ...

5.2 OOP in MATLAB

Zum Abschluss soll dieser Abschnitt Ihnen eine Liste wichtiger Befehle zur OOP-Programmierung in MATLAB an die Hand geben – als Referenz und Erinnerung an all das, was in den vorangegangenen Kapiteln behandelt wurde. Dies kann aber nur ein Auszug sein. Eine vollständige Liste und weitergehende Informationen finden Sie in der MATLAB-Online-Hilfe.

Klassendefinition

`classdef`	Start einer Klassendefinition
`properties`	Eigenschaften der Klasse
`methods`	Methoden
`events`	Ereignisse
`enumeration`	Aufzählungen

Attribute

`Access`	Zugriffsbeschränkung auf Eigenschaften und Methoden:
`= public`	Zugriff für jeden
`= private`	Zugriff nur auf Methoden der Klasse
`= protected`	Zugriff auf Methoden der Klasse und deren Kinder
`GetAccess`	Beschränkung auf einen Lesezugriff
`SetAccess`	Beschränkung auf einen Schreibzugriff
`Constant`	konstante Eigenschaft
`Abstract`	abstrakte Methode, definiert eine abstrakte Klasse
`Static`	statische Methode, direkt aufrufbar, auch ohne Objekt

Methoden

`Classname`	Konstruktor, gibt erzeugtes Objekt *obj* zurück
`disp`	überladbare Anzeige, erscheint auch bei fehlendem Semikolon
`empty`	erzeugt ein leeres Objekt, überladbare Funktion
`double`	überladbar, wandelt das Objekt in eine Zahl
`char`	überladbar, wandelt das Objekt in einen Text
`methods`	listet die Methoden eines Objekts auf
`properties`	listet die Eigenschaften eines Objekts auf

Handle-Klassen

`classdef Classname < handle`	als Handle-Klasse definiert
`delete`	Destruktor (nur für Handle-Klassen definiert)
`addlistener`	Anmeldung als Listener für Ereignisse (*events*)
`notify`	Meldung eines Ereignisses an alle Listener

Vererbung

`classdef Classname < BaseClass`	von *BaseClass* abgeleitet
`classdef Classname < PC_1 & PC_2`	von mehreren Klassen abgeleitet
`obj@BaseClass`	Child *obj* von *BaseClass*, erzeugt im Konstruktor
`method@BaseClass`	Aufruf der Methode *method* der *BaseClass*

Operatorüberladung

`plus`	überlädt den Additions-Operator „+“
`minus`	überlädt den Subtraktions-Operator „-“
`mtimes`	überlädt den Multiplikations-Operator „*“

Verzeichnisse

`@Verz`	Unterverzeichnis zur Zerlegung einer Klasse in mehrere M-Files
`+Verz`	Paketverzeichnis
`import`	Import von Paketen

Ausnahmen

`try`	Start eines *try*-Blocks (Exception unter Kontrolle)
`catch`	Beginn des *catch*-Blocks (Exception fangen)
`throw`	Exception vom Typ *MException* werfen
`rethrow`	Exception weitergeben
`error`	einfache Exception-Variante
`assert`	kompakte Exception-Variante mit Check

Funktionen und Methoden

`function`	deklariert eine Funktion bzw. Methode innerhalb eines M-Files
`varargin`	Eingangswerte einer Funktion bei variabler Zahl (*varargs*)
`varargout`	Rückgabewerte einer Funktion bei variabler Zahl
`nargin`	Zahl der Eingangswerte in eine Funktion

`nargout`	Zahl der Rückgabewerte einer Funktion
`%`	definiert die folgenden Zeichen der Zeile als Kommentar
`@fun`	Function-Handle zur Funktion *fun*

Datentypen und Konvertierungen

`double`	wandelt einen Wert in reelle Zahl (*double* = doppelte Genauigkeit)
`int32`	wandelt einen Wert in 32-Bit-Ganzzahl
`char`	wandelt einen ASCII-Wert in das zugehörige Zeichen
`struct`	Datenstruktur mit einzelnen Komponenten
`str2double`	wandelt einen String in eine reelle Zahl (*string-to-double*)
`num2str`	wandelt eine Zahl in einen String (*number-to-string*)

Informationen

`isnumeric`	testet, ob der Inhalt der Variablen eine Zahl ist
`ischar`	testet, ob der Inhalt der Variablen ein Text ist
`isnan`	testet, ob der Inhalt der Variablen *NaN* ist (Not-a-Number)
`isempty`	prüft, ob die Variable auf ein leeres Objekt verweist
`isa`	prüft, ob die Variable von einem bestimmten Typ ist
`ishandle`	prüft auf ein gültiges MATLAB-Handle
`strcmp`	testet zwei Strings auf Gleichheit
`exist`	testet, ob eine Funktion, Variable etc. existiert
`size`	Zahl der Zeilen und Spalten eines Arrays
`length`	Länge eines Vektors
`numel`	Zahl der Elemente eines Arrays
`max, min`	Maximal- bzw. Minimalwert eines Arrays
`mean`	Mittelwert der Elemente eines Arrays
`std`	Standardabweichung

Mathematische Operatoren

`=`	Wertzuweisung
`+`	Addition
`-`	Subtraktion
`*`	Multiplikation

`/`	Division
`^`	Potenzierung

Vergleichs-Operatoren

`<`	kleiner als
`<=`	kleiner oder gleich
`>`	größer als
`>=`	größer oder gleich
`==`	gleich
`~=`	ungleich

Logische Operatoren

`&&`	logisches UND (Short-Circuit)
`||`	logisches ODER (Short-Circuit)
`~`	logisches NICHT

Ablaufkontrolle

`if`	Abfrage einer Bedingung
`else`	Alternative zur Bedingung
`elseif`	Alternative mit weiterer Abfrage
`end`	Ende eines Blocks, z. B. zu einer Abfrage
`switch`	Schalterabfrage
`case`	mögliche Schalterstellung
`otherwise`	alle sonstigen Schalterstellungen
`for`	Zählschleife
`while`	Wiederholschleife
`break`	Schleifenabbruch
`continue`	Abbruch der aktuellen Schleifen-Iteration
`return`	Verlassen der aktuellen Funktion

Ein- und Ausgabe

`disp`	unformatierte Ausgabe
`fprintf`	formatierte Ausgabe
`input`	Eingabe von der Tastatur

`xlsread`	liest den Inhalt einer Excel-Datei ein
`xlswrite`	schreibt Daten in eine Excel-Datei
`load`	liest einen MAT-File ein
`save`	schreibt Daten in einen MAT-File

2D-Plots

`figure`	erzeugt ein neues Grafikfenster
`get`	liefert die Eigenschaften eines Objekts
`set`	setzt die Eigenschaften eines Objekts
`plot`	2D-Plot in kartesischen Koordinaten
`bar`	Balken-Diagramm
`hist`	Histogramm
`text`	erzeugt ein Textobjekt im aktuellen Zeichenbereich
`hold on`	schützt die Grafik in einem Fenster vor dem Überschreiben
`gca`	Handle auf die aktuelle Axes (Zeichenbereich)
`axis`	spezifiziert Skalierung und Aussehen eines Zeichenbereichs
`title`	Überschrift für 2D- oder 3D-Plots
`legend`	erzeugt eine Legende für geplottete Elemente
`xlabel`	x-Achsen-Beschriftung für Plots, analog y- und z-Achse

Arrays und Polynome

„`:`"-Operator	erzeugt ein Array von Zahlen mit gleichmäßigem Abstand
`linspace`	erzeugt ein Array von n gleichmäßig verteilten Zahlen
`polyfit`	Polynominterpolation
`polyval`	Berechnung der Funktionswerte eines Polynoms

Serielle Schnittstelle

`instrfind`	Informationen zu angemeldeten, seriellen Schnittstellen
`serial`	Erzeugung eines seriellen Ports
`fopen`	Verbindung über einen Port öffnen
`fclose`	Verbindung schließen
`isvalid`	Test auf einen gültigen Port
`fwrite`	Daten über die Schnittstelle verschicken
`fscanf`	Daten von der Schnittstelle als Text einlesen

Vordefinierte Dialoge

`msgbox`	Meldungsfenster
`errordlg`	Fehlermeldungsfenster
`uigetfile`	Standarddialog zur Datei-Auswahl
`uiputfile`	Standarddialog zum Speichern einer Datei

Workspace

`clc`	löscht die Anzeige im Command-Window
`clf`	löscht ein erzeugtes Grafikfenster (*figure*)
`which`	gibt an, wo Funktionen und Dateien gespeichert sind
`clear`	löscht Variablen aus dem Workspace
`who, whos`	Anzeige der Variablen im Workspace

Literatur

Ein Lehrbuch wie dieses kann nur eine Einführung in das Thema sein, um Ihnen einen Überblick über die Vielfalt zu verschaffen. Dieses Verzeichnis soll Ihnen eine, wenn auch unvollständige, Liste zum Weiterlesen an die Hand geben.

Literatur von Mathworks:

The MathWorks: Online-Hilfe, The MathWorks, Inc. 2014. www.mathworks.com.

Moler, C.: Numerical Computing with MATLAB. SIAM 2010.

Siehe auch: www.mathworks.com/moler/

Literatur zu MATLAB:

Stein, U.: Programmieren mit MATLAB. Fachbuchverlag Leipzig/Hanser 2015.

Grupp, F., Grupp, F.: MATLAB 7 für Ingenieure. Oldenbourg 2008.

Schweizer, W.: MATLAB kompakt. Oldenbourg 2013.

Objektorientiertes Programmieren:

Stroustrup, B.: Einführung in die Programmierung mit C++. Pearson Studium 2010.

Krüger, G. et al.: Java-Programmierung. O'Reilly 2014.

Im Internet: www.javabuch.de

Informatik:

Rechenberg, P., Pomberger, G.: Informatik Handbuch. Hanser Verlag 2006.

Levi, P., Rembold, U.: Einführung in die Informatik. Hanser Verlag 2003.

C und C++:

Kernighan, B., Ritchie, D.: The C Programming Language. Verlag Prentice-Hall 1988.

Auf Deutsch: Programmieren in C. Hanser Verlag 1990.

Ellis, M., Stroustrup, B.: The Annotated C++ Reference Manual. Addison-Wesley 1990.

Arduino:

http://arduino.cc/

http://www.mathworks.de/hardware-support/arduino-matlab.html

http://de.wikipedia.org/wiki/Arduino-Plattform/

Index

I

K

L

M

HANSER

Programmieren lernen mit MATLAB

Stein

Programmieren mit MATLAB

Programmiersprache, Grafische Benutzer-oberflächen, Anwendungen

5., neu bearbeitete Auflage

351 Seiten. 156 Abb.

€ 29,99. ISBN 978-3-446-44299-3

Auch als E-Book erhältlich

€ 23,99. E-Book-ISBN 978-3-446-44391-4

Schwerpunkt dieses Lehrbuchs für Studierende der Ingenieurwissenschaften im Grundstudium ist das Programmieren mit MATLAB. Der Autor zeigt Ihnen, wie Sie ingenieurwissenschaftliche Probleme mit MATLAB-Programmen lösen können. Dabei helfen zahlreiche anschauliche Beispiele, Abbildungen und Übungsaufgaben. Programmierkenntnisse anderer Programmiersprachen sind nützlich, werden aber nicht vorausgesetzt.

Die 5. Auflage wurde komplett überarbeitet, aktualisiert und um Beispiele aus der Praxis ergänzt.

Mehr Informationen finden Sie unter **www.hanser-fachbuch.de**

HANSER

Modularisierung in der Programmierung

Probst

Objektorientiertes Programmieren für Ingenieure

Anwendungen und Beispiele in C++

228 Seiten. 85 Abb. 15 Tab.

€ 29,99. ISBN 978-3-446-44234-4

Auch als E-Book erhältlich

€ 23,99. E-Book-ISBN 978-3-446-44178-1

Mit Anwendungen und Beispielen in C++ gibt dieses Buch Ihnen einen kompakten Überblick über die modernen Methoden der Softwareentwicklung. Anhand von ingenieurwissenschaftlichen Beispielen werden die grundlegenden Konzepte der objektorientierten Programmierung (OOP) nachvollziehbar erläutert. Ausgewählte Diagramme aus dem Vorrat der UML illustrieren die Entwicklungsmethoden. Anhand von Entwurfsmustern werden problemorientierte Lösungsansätze erklärt und an Beispielen dargestellt.

Auf der Website http://www.oop-fuer-ingenieure.de.vu/ finden Sie alle Beispielprogramme sowie Lösungsvorschläge für die Programmierübungen.

Mehr Informationen finden Sie unter **www.hanser-fachbuch.de**